U1068849

笔底云霞新刀尺

高中记叙文写作点津

周建文　编著

江苏凤凰文艺出版社
JIANGSU PHOENIX LITERATURE AND ART PUBLISHING, LTD

图书在版编目（CIP）数据

笔底云霞新刀尺：高中记叙文写作点津 / 周建文编著. —南京：江苏凤凰文艺出版社，2020.7（2024.5重印）

ISBN 978 - 7 - 5594 - 4930 - 6

Ⅰ. ①笔…　Ⅱ. ①周…　Ⅲ. ①记叙文—写作—高中—教学参考资料　Ⅳ. ①G634.343

中国版本图书馆 CIP 数据核字(2020)第 092229 号

笔底云霞新刀尺：高中记叙文写作点津

周建文　编著

责任编辑　邹晓燕
装帧设计　私书坊_张俊香
责任印制　刘　巍
出版发行　江苏凤凰文艺出版社
　　　　　南京市中央路 165 号，邮编：210009
网　　址　http://www.jswenyi.com
印　　刷　三河市兴国印务有限公司
开　　本　880 毫米×1230 毫米　1/32
印　　张　7
字　　数　107 千字
版　　次　2020 年 7 月第 1 版　2024 年 5 月第 2 次印刷
书　　号　ISBN 978 - 7 - 5594 - 4930 - 6
定　　价　69.80 元

江苏凤凰文艺版图书凡印刷、装订错误可随时向承印厂调换

目 录

序

潘双林

“文章本天成，妙手偶得之。”我一直以为写作是需要灵气的，记叙性文体的写作尤其需要灵气。如果把记叙文写作当作讲故事，可以把作者分成两类人，会讲故事的和不会讲故事的。可以说，我们日日生活在故事之中。并不是每个人都会讲故事，但有人似乎天生就具有一种特殊的本领，能把故事讲得有声有色，趣味横生。我小学时有个同桌，特别能讲故事，有时还自己编故事，每当老师不在班的时候，总是他周围同学最快乐的时候，他的作文也写得特别有味道，每每得到老师的表扬。2012 年，莫言在瑞典文学院发表的诺贝尔文学奖获奖感言即是《讲故事的人》，他说，“我是一个讲故事的人。因为讲故事我获得了诺贝尔文学奖。”少年时期的听故事和讲故事成就了莫言的写作事业，可见，讲故事于记叙性文本的写作是何其重要。

如何讲好故事？首先要有好的故事。好故事的标准有二：有意思与有意义。前者指故事要有一定的趣味性，能引人入胜；后者是指故事要有一定的价值性，让人有所感，有所悟。合而言之，就是故事有看头，有“嚼头”，在某种程度上感染人的情绪，唤醒人的良知，提升人的境界。

其次要会讲故事。故事讲得好，固然有天分的因素，但也离不开历练，在历练中掌握技巧。就像说评书一样，基本功要扎实，要讲究“五到八技”，会开脸儿、摆砌末，会赋赞、垛句；选材上要考究，是袍带书、短打书还是神怪书、世情书，哪个更合适听众，心中要掂量；整体上会架构，“说书虽小道，事事有根由。纲目是灵魂，梁柱必须有。”叙事上要明笔、暗笔、伏笔、倒插笔、惊人笔，笔笔清楚，甚而至于“跑梁子”。这些技巧，说穿了，其实是常识，是规矩。说书上，师傅能授的，就这些；写作上，老师能教的，仅此而已。因为，真正的写作是无技巧的。我们读大家的文章，丝毫不会有感到他们的文章是做出来的，而是自然而然地淌出来的，读巴金、季羡林、汪曾祺的文章，均有这样的感觉。

古人云，“大匠能诲人以规矩，不能使人巧。”我们也常说“文无定法，但文有常法”，语文老师能着力的、应该着力的就是这些规矩、常法，建文老师在《高中议论文写作技巧十八讲》的基础上，思考和建构记叙文的写作技巧，编写了这样一本姜堰中学记叙文写作校本教材。这样的努力，在大力提倡“讲好中国故事”的今天，是大有可为的。

（作者为江苏省特级教师、教授级高级教师、姜堰区教师发展中心副主任）

第一讲

记叙文概述

训练目标

1. 认识记叙文写作在高考中的重要地位。

2. 初步了解高中记叙文写作的一般要求。

训练过程

2019 年《普通高等学校招生全国统一考试(江苏卷)说明》语文学科在写作方面提出了“能运用适当的文体样式,写记叙类、议论类和抒情类等文章”的要求,可见,记叙文写作是高考必备的能力之一。

我们来看两道高考作文试题:

1.(2019 江苏卷)根据以下材料,选取角度,自拟题目，写一篇不少于800字的文章；除诗歌外，文体自选。

物各有性，水至淡，盐得味。水加水还是水，盐加盐还是盐。酸甜苦辣咸，五味调和，共存相生，百味纷呈。物如此，事犹是，人亦然。

2.（2019北京卷）色彩，指颜色；不同的色彩常被赋予不同的意义。2019年，我们隆重纪念五四运动100周年，欢庆共和国70华诞。作为在这个特殊年份参加高考的学生，你会赋予2019年哪一种色彩，来形象地表达你的感受和认识？

请以“2019的色彩”为题，写一篇记叙文。

要求：思想健康，内容充实，感情真挚，运用记叙、描写和抒情等多种表达方式。

从以上作文试题可以看出，不管是明确要求写记叙文，还是要求文体自选，高考中的记叙文写作始终占有重要地位。北京卷自2015年大作文实行“二选一”以来，每年均设置一道记叙文试题。2017年全国三卷亦出现了“我看高考”和“我的高考”二选一的情态，其中“我的高考”便带有较强的记叙意味。写好记叙文可以加深我们对生活的理解和感受，培养我们高尚的道德情操。文如其人，记叙文是作者立场、观点、思想、情感、生活体验的真实流露和集中表现。要写出思想正确，情感健康，格调高雅的文章，首先要有正确的人生观和价值观。在大力提倡“讲好中国故事”的今天，记叙文写作是大有可为的。

一、记叙文概念及分类

记叙文是以写人、记事、状物为主要内容，以叙述、描写和抒情为主要表达方式的文章。

记叙文主要有以下几种类型：

1. 写人为主的记叙文。应注意通过肖像描写、行动描写、语言描写、神态描写、心理描写以及细节描写来塑造人物形象，反映社会生活。

2. 记事为主的记叙文。应交代事情的开端、发展、高潮及结局等要素，注意把握好记事的相对完整性以及描写的先后顺序等。

3. 写景为主的记叙文。应写出景物的主要特征，注意景物描写的层次，以及人与景的情感交融等。

二、明确记叙文的六要素

人物、时间、地点，事情的起因、经过、结果，是记叙文常见的六要素，要在文章中有充分的体现。不论写人的记叙文，还是记事的记叙文，都要利用这些要素来表达自己的认识、体验、态度和情感。

1. 人物

人物是记叙文中表达作者情感的重要部分，即使是写事的记叙文也要通过对人物言行的描写与叙述来完成主题的表达。

2. 时间、地点

时间、地点为人物活动和情节发展提供了自然地理季候、社会时空和生活场景。同时，时间也有串联故事的作用，地点有产生和帮衬人物心理行为的作用。记叙文的写作常常依照时间的变化来行文。记叙文依时间的安排来划分，可以有顺叙、倒叙、插叙、补叙、平叙等几种方式。顺叙是常用的一种方法，但为了突出结局，可以采用倒叙的方法，以设置悬念，抓牢人心，引发读者阅读兴趣。插叙、补叙往往起到交代事由、补足情节、增加波澜、扩充文章内容、丰富文章表达的作用。

平叙就是平行叙述，即叙述同一时间内不同地点所发生的两件或两件以上的事，又叫分叙。平叙有两种方式：一种是“花开两朵，各表一枝”，即先说甲的事，再说乙的事，两边都交代清楚；一种是时而说甲，时而说乙，按照情节发展的需要轮番叙述，使甲和乙的命运都处于读者关心的状态中。一般来说，平叙只在写小说或戏剧时才用得上。

3. 情节

记叙文通常依靠情节将具体内容完整展开。情节一般由开端、发展、高潮、结局组成，个别作品可以有序幕和尾声。情节展开上要注意处理好用墨如泼与惜墨如金（即处理好主次和详略）的关系。作为写作的重点，事情的“发展”部分和“高潮”部分是需要特别关注、倾力叙写的，一篇文章的闪光点、作者思想感情的精华和写作的功力往往就体现在这里。在详略安排上，主要应注意以下问题：一是要根据文章所要表达的中心选择材料，与中心思想特别密切的材料，是主要内容，要详细写；关系不很密切的材料，是次要内容，要简略写。二是要突出事情发展的过程，这部分要详写。至于事情的发生和结果，可以略写，甚至不写。因为事情的发展过程是整篇文章的体现中心思想主体部分，所以需要详写。三是要把握好点和面的关系。“面”要略写，“点”要详写。“面”上的内容往往是渲染气氛，交代背景，起烘托的作用。略写虽是寥寥几笔，但若运用得好，文章重点就能突出，主题就能鲜明，从而起到“绿叶映衬红花”的作用。如茹志鹃的短篇小说《百合花》，乡干部就是“面”上的内容，而新媳妇和小通讯员就是作者重点刻画的“点”。“点”上的内容往往是文章的重点，直接体现中心思想，所以要详写。

以上所说的记叙文六要素，写作时也未必需要面面俱到，要具体情况具体分析。譬如以塑造人物为重点的记叙文，叙写时不仅可以不管六个要素是否完备，同时也不苛求情节的完整，只需要选择事件中最能够表现人物性格特征的某些片段，突出人物形象独特的即可。这六个要素的交代可以根据表达的需要而灵活掌握。有时，时间地点可以通过对景物的描写和故事情节的叙述，自然而然地交代出来，比如：“太阳刚刚落山的时候，我和伙伴们来到村边的小河旁……”这样写的好处是活泼而不呆板，简洁而不啰唆。

三、高中记叙文写作的要求

虽然我们在初中甚至小学一直写作记叙文，但高中记叙文写作要求远远高于初中。在初中记叙文写作中，同学们对事物的认知和观察能力有限，所以只要求在文中真实地流露自己的感情，有基础的语言表达能力就可以了。进入高中，我们的认知水平在不断地提高，对问题的思考也要表现出一定的深度和广度，要做到动之以情，晓之以理，让读者产生心灵的震撼。同学们要在不断的成长和训练中积累故事，积累情感，积累思想，积累语言，积累写作技巧，培养阅读能力，观察能力，表达能力。要想达到一定的高度，可以从以下几个方面做起，久而久之，在记叙文写作中就能行云流水了。

1. 讲述一个新颖的故事

记叙文是用来讲故事的，记叙文的主要特点是故事性。好的记叙文正如好的电视剧，情节精彩，故事性强，悬念重重，能引人入胜。故事精彩，即便文笔一般，文章也差不到哪里去。记叙文写不好，很可能就是因为故事的框架、选材和情节没有构筑好。

优秀的记叙文，往往通过精致巧妙的构思和情节安排引人入胜。记叙文要完整生动地叙述一个新颖的故事，名家名作无不是寓巧妙的情节构思于完整的故事之中。故事的情节是要靠矛盾的发展去推动的，因而情节的发展要有自然性、合理性和完整性。如果片面求新而破坏了故事的连续性和完整性，就会得不偿失。

2. 塑造一个鲜活的人物

写记叙文离不开写人（广义的人，即事情的主角），写人要把人物写得鲜活，要写得有血有肉，有情有感，要写出独一不二的个别性，才能给读者留下深刻的印象。要让记叙文中的人物形象鲜活起来，除了对人物与事件进行叙述以外，还必须进行细致深入的描写。描写人物可从肖像、动作、语言、心理活动、道具、场景等方面着手。

3. 进行一番生动的描写

记叙文中的描写，除了上文讲的人物描写之外，还包括景物描写、场面描写等等。

人物的肖像描写，主要指描写人的容貌、神情、姿态、服饰等方面。肖像刻画要以形写神，形神俱似，不可千人一面，千篇一律。形神兼备的肖像描写有助于揭示人物的内心世界和性格特征，表现出人物的时代和地位阶层、职业等特征，显示人物的必由命运。人物的语言描写要做到立片言而尽显人物精神，做到“如闻其声，如见其人”。“如闻其声，如见其人”既是对作家塑造生动人物形象的高明技法的赞誉，也是语言描写的功能和作用的体现；人物的动作描写要做到在举手投足之间见到人物的真性情（即性格和心理）。对人物进行心理描写则要做到洞幽烛微，表现人物的精神面貌，窥视人物的心灵世界，刻画人物的性格特征，揭示人物的身份境遇，突出作品的主题思想。

景物描写要突出景物的神韵，必须抓住景物的层次和主要特征有序进行描写，要注意景物描写的象征性和寓意味。场面描写要突出场面的特定性，要把典型人物置于经典的场面之中。

不管是人物描写、景物描写，还是场面描写，都应该结合细节描写。细节虽小，却往往给人留下深刻难忘的印象。优秀的文学作品，甚至一篇不太成功的作文，常常因其某一独特而极具个性的细节描写，令我们过目不忘。

4. 抒发一段动人的情感

抒情，简单地说，就是用真挚的语言来抒发内心的情感。在记叙的过程中，恰到好处地对所记叙的人和事抒发感情，可以让平白的叙事锦上添花，引起读者的共鸣。抒情的文字有时渗透在文章的字里行间，作者凭借所描述的人、事、景、物来传情达意，即间接抒情，常见的间接抒情方法有叙事抒情、借景抒情、托物言志三种。抒情文字有时在叙述和描写的基础上直接抒发，也就是直抒胸臆，直接表达写作者情感好恶和价值判断。

5. 表达一个深刻的主旨

要围绕中心选择材料，才能突出文章主旨。中心是文章要表达的主要观点，即文章的灵魂。中心必须借助材料来体现，材料必须通过中心来组织。材料是受中心支配的，为中心服务的。离开材料，中心是无法单独存在的。反之，离开中心，材料仅仅是一些乱七八糟的素材，不能算作一篇文章。中心思想不是凭空产生的，是从生活实践中，从具体材料中提炼出来的。临文之先，要分析中心的构成要素，了然于心，这样才能驾驭和组织材料。

中心思想要积极、集中、深刻。积极，指我们要宣传进步的思想，高尚的品德，使文章具有鲜明的时代精神。集中，就是一篇文章要集中表现一个思想观点。所以，哪里详写，哪里略写，这要根据中心思想集中表现一个思想观点来定。深刻，就是要能揭示出事物的本质意义，使我们的认识能提到较高的程度，从而引起共鸣。

四、典型例文

诗意地生活

爷爷老了，七十多岁快八十了吧，奶奶呢，也六十岁了。他们的年代里，男子比女子大十来岁也属正常，总之，他们走到一起了，然后就有了爸爸，再然后就有了我们，一户生活在农村里的平凡家庭。

好像从我记事起，爷爷就一直是忙碌的。他背着锄头出去侍弄他的农田；他在园子里种菜，栽果树；他去给人家帮一点力所能及的忙……很健康很快乐很自在地活着。奶奶呢，就在家里喂她的那群鸡，吆喝着两只狗，洗干净爷爷的衣裳，一边等着爷爷多年不变的“命令”：“老婆子，在干什么？快煎茶吃！”奶奶就放下手中的活计，假装埋怨地说：“这么快就回来休息啦。”然后很认真地去为爷爷煎茶，端送到爷爷手中，与他坐着，一边喝茶一边闲谈。

奶奶一直都勤俭朴素地操持着她跟爷爷的家。虽然儿女们都早已长大成家，她不必再为吃穿而省吃俭用，可是她依旧用着最原始的柴灶。她说煤火只用来煮饭太浪费，气又太贵，所以还是烧柴好。于是，在那些野草疯长的季节里，我和妹妹就跟着爷爷的斧头活跃在山野间，砍倒、捆扎，背回家、排开、晒干，一捆捆的柴草就进了柴房。于是，无数个炊烟袅袅的时刻，我和妹妹就可以在奶奶的灶膛里看到毕毕剥剥的声响里奶奶通红的笑脸。特别是在冬日，爷爷烧火，奶奶做菜，我和妹妹则抢着依偎在爷爷身边取暖。一串串欢声笑语随着炊烟升上天空，诉说着冬日的温暖。

我不知道，爷爷奶奶是否也有爱情，也懂得爱情。奶奶曾告诉我，她是别人介绍给爷爷的。也许一开始，他们之间没有什么情感，可是在时间的磨砺下，在相互的依赖与信任里，他们之间的感情却超越了爱情。有一次，爷爷很突然地病了，病得很重，奶奶背着爷爷偷偷流泪，我安慰她：没事的，爷爷会好的。可是她说了一句话，让我几乎热泪盈眶。她说："要是老头子死了，那我就随他一起去。"从那次以后，奶奶对爷爷就更是照顾得无微不至。我从那时起，才知道，原来这世间真有永恒的爱情存在。

我时常望着爷爷奶奶夫唱妇随的身影想，真正诗意地生活，就该是这样的吧，诗意，就在最平凡的生活里呀！

例文评析

境由心生，生活的“诗意”，主要体现在精神层面，在于个人的审美价值取向。这篇文章，就是通过叙述农村家庭平凡生活的小事表现家庭的和睦和温情，诠释生活的诗意，表达自己对诗意生活的理解和追求。文章写的是身边小事，表达的是真情实感，说者诚恳，读来亲切，盈溢诗意，富有表现力和感染力。

第二讲
记叙文素材的积累与选用

训练目标

1. 掌握记叙文写作素材积累的基本方法。
2. 初步掌握记叙文选材与组材的一般方法。

训练过程

记叙文写作中，写什么往往比怎么写更重要，选择一个好的素材，意味着文章成功了一半。

一、如何积累记叙文写作素材

巧妇难为无米之炊，素材积累是记叙文写作的基础。

一篇好的记叙文往往有一个好的故事。反之,不善于积累记叙文写作素材,不能选择好的素材,写出来的文章就会平淡无奇,毫无吸引力。只有积累了丰富的写作素材,才能拓宽记叙文写作思路,激发写作灵感。那么,怎样积累写作素材呢?可以从以下几方面考虑:

1. 学会观察、思考生活,培养积累生活素材的直觉

生活中并不缺乏值得提炼的素材,只是缺乏发现的眼睛罢了。同学们不仅要学会做生活的有心人,观察生活中的细微之处,体验生活的酸甜苦辣咸,还要学会思考生活,从中有所感悟,否则即使看到再多的生活故事,也只是置若罔闻,熟视无睹,不见其妙。

例如,如果我们以“歌颂社会的发展与进步”为主题写一篇记叙文,一定要细心观察发生在自己身边的一些变化和进步,小到路边的路牌,大到城市建筑、绿化情况等等。只有用心地去感悟生活,才能培养起对生活素材的敏锐嗅觉,从而提炼出更加精妙的生活素材。

2. 勤写日记、周记,及时记载点滴素材,提高理解深度

对生活中积累的素材进行写作、加工的过程往往会激发自己的创作灵感,丰富自己的情感世界,提高思想认识,所以要勤写日记、周记。很多写作高手都有勤写日记

的好习惯，他们将生活点滴记录下来，厚积薄发，以备记叙文写作的过程中灵活运用。我们要求高一学生每周至少写一篇随笔，是有理论和实践依据的。记叙文写作也是一种技能，通过反复练习，技能能够习得，水平终能提高。要逐步提高写作要求，由叙述完整的一件事，进而注重各种描写手法的综合运用，使得记录的生活更加原汁原味，富于再现力和真实感。

请看一位同学的日记：

“我赶到斑马线处，绿灯此时刚好变成了红灯。正当我暗暗后悔没有早出发一分钟的时候，一位行动不便的孕妇却用她自以为很快的速度试图闯红灯通过马路，她似乎很着急，侧面刚起步的汽车又迅速停下，‘嘀……嘀嘀……嘀……’瞬间整个路口汽车的噪音不绝，似乎是通过喇叭声来抱怨这位孕妇不顾旁人闯红灯的自私行为，又似乎借此提醒孕妇注意自己的安全以及自己腹中孩子的安全。可是她却充耳不闻，依然往前走去。这时我旁边有位大妈好心提醒她不要闯红灯，她却头也不回，仿佛此刻自己和孩子要去冲锋陷阵，晚了一刻便要给敌人枪决一般。我为她腹中的孩子捏了一把汗，却鄙视她身为人母的这种违法行为……”

这是日常生活中完全可能碰到的原生态生活素材，不少同学感慨一下也就过去了。这位学生是个有心人，不仅很好地还原了当时的场景，而且善于思考，提高了认识，积累了素材。

3. 注重阅读，积累间接生活素材

毛泽东曾说，人生要读两本书，一本是有字之书，一本是无字之书。有字之书就是指我们的阅读积累，无字之书指社会、自然。由于应试教育的压力，高中生的生活比较单调枯燥，往往缺乏直接的生活体验，要写原汁原味、亲身经历的生活，常常勉为其难，况且人不能事事经历。书籍为我们体味生活，理解生活提供了重要窗口。阅读可以弥补我们直接生活体验的不足，从阅读中获得的间接生活体验，也完全可以成为我们写作的重要素材。要想提高阅读效果，积累更多的写作素材，提高写作水平，作点评和写感悟是不可或缺的重要手段。整合生活素材，还可以在原材料基础上，借假设推理而生发出新的材料。

积累好的素材，可以从人物和情感等方面进行分类、归纳、整合。比如：人物可分为亲人、师长、邻里、同学、朋友、知己、陌生人、偶像、名人、伟人、奇人异士等；情感可分为敬佩、怀念、感动、伤心、遗憾、讨厌、喜爱、无奈、愧疚等。经常进行梳理，形成自己独特的材料库。

二、记叙文选材的基本要求

当我们积累了丰富的记叙文素材之后，要想写好文章，选材是关键。

应试作文往往有一个明确的写作任务，有时要表现特定的中心思想，这是不能随便找点材料就写的，需要进行认真的选择。那么选择材料有哪些基本的要求呢？

1. 力求真实

只有真实，才能有真情，才能增强感染力。这个真实，可以是自己的亲身经历（即自己是事情的直接参与者）；也可以是耳闻目睹（自己作为旁观者）。真实未必是实有的事，关键要符合逻辑事理，艺术的真实比生活的真实更重要。元好问《论诗绝句三十首》中说“一语天然万古新，豪华落尽见真淳”，意在告诉我们，写文章语句自然天成，才能万古常新。自然天成，那就要写照真实。个性鲜明的细节材料能增强文章的真实感，即所谓的细节真实。我们不妨从“大处着眼，小处落墨”，选择个性特点鲜明的细节材料来写人记事，往往能真实感人，就会收到“以小见大”的效果。

2. 力求典型

典型的、有代表性的材料，最能反映事物本质，最有表现力和说服力。人物的思想感情、性格品质总要通过事件来表现，写人离不开叙事，而这些事件的选择必须典型。典型事件有时可以是人物有代表性的重大行为，但更多的是那些看来细小平常却能展示人物思想性格的生活琐事。塑造人物形象，典型事件往往不止一件事，一般都要两三件事以上。作家魏巍创作《谁是最可爱的人》时，初稿的题目是《自豪吧，祖国》，文中用了二十多个事例来表现志愿军战士的爱国主义、国际主义精神。这些事例虽然都能围绕中心，但由于“例子堆得太多，好像记流水账”，所以效果不好。于是作者对材料做了果断取舍，只选取三个最有代表性的例子。这样，笔墨集中、主题突出，终成传世佳作。

典型事例的安排应注意以下几点：首先，应注意从不同角度来表现人物的思想品质和性格特点，让人物形象丰满，立体化。其次，不平均使用笔墨，应当详略结合。一般至少有一件事要详写。最后，多个典型事例的安排上应注意衔接、过渡。通过什么方式来组接这些事例也要注意技巧。

3. 力求新颖

新米煮饭自来香。文章材料出新，就会有时代气息，生活味就会浓，也才能吸引读者的注意力。因此要以独特的视角，选取新颖的材料，切忌“下雨妈妈送伞、老师给我补课、帮助孤寡老奶奶”等千篇一律的陈旧话题。时代在进步，社会在发展，各种新鲜事物层出不穷，这为我们选材提供了广阔的空间。我们要善于捕捉生活中的“闪光点”，“见人所未见，发人所未发”，力求在选材时做到：别人说过的话，我不原样地说；别人用过的材料，我不照搬来用，避免大路货，力争使人耳目一新。

4. 要有情感内涵

好的记叙文往往以情动人，充溢着丰富的情感，那些没有情感内涵的材料不是记叙文的好材料。那么，可以写哪些情感呢？

(1) 可写人人都能感知、体会的人之常情。情感虽然是一种说不清、道不明的内在感觉，但是“人同此心，情同此理”，这是情感体验的生理、心理基础。有许多情感内容是人们共有的，共通的，传达这样的情感，就会激起别人的共鸣，就会使人感动。

（2）可写那种强烈的超出常规但又能够理解的情感。有时候，人物的所作所为与常人不同，虽出乎意料但又在情理之中，这种反常的行为中往往包含着强烈的情感。这种情感具有很强的冲击力，往往给人留下难以忘怀的印象。当情理冲突，必须舍理取情，形成悲剧冲突的时候，当人物对某种事物痴迷、执着到难舍难分超出常规的时候，情感就开始动人了。

（3）情感要能产生振荡和波澜。文似看山不喜平，那种一览无遗的、直线发展的情感，缺少回环蕴藉的美感，很难使人产生情感的激荡。因此，在描述情感的时候，要尽量展示情感的曲折和波澜，如果能一步一步把读者引入情感的漩涡，就更好了。

5. 要切题

写作任务常常规定文章的中心思想。如果说中心思想是一篇文章的灵魂，那么材料就是这篇文章的血肉躯体。中心思想是由具体材料来表现的，中心思想蕴含渗透在材料之中。中心是选材、剪裁的依据，要力求选取最能表现中心的材料，果断舍弃与中心无关的材料，才能有力地突出中心。“剪裁”本来是裁缝行业中的一个术语，意思是将布料依照需要巧妙剪裁，该去就去，该留就留，缝制成美丽的衣裳。写作文也如同做衣裳一样，对使用的材料也必须剪裁。剪裁，需要有依据。依据之一就是根据中心思想剪裁。一般来说，对表现中心思想起重要作用的材料，要进行详写；对表现中心思想起辅助作用的材料要进行略写；与中心思想无关的材料不管多么生动，也要毫不可惜地予以割舍。

此外，还要注意选择自己熟悉的，能够驾驭的素材，不能一味地为了吸引眼球，胡编乱造玄幻的、武侠的、破案的、古代的、外国的故事。故事要有“形式意味”，一件事或者几幅画面、几个片段，要能写足规定字数，情节一般不宜太简单。

三、记叙文组材的方法

记叙文材料选择了以后，需要有机的组合，才能形成一篇优秀的文章。记叙文组材主要有以下方法：

1. 截取精要法

在记叙文中，截取事情的最精彩、最动人、最能反映其性质的闪光瞬间而加以表现的剪裁方法即截取精要法。材料的截取可以从三方面着手:(1) 叙事的文章截取事情发展中最精彩、最紧张、最激烈的部分。(2) 写人的文章选取人物经历中最能反映人物性格、思想,能多角度表现人物的材料。(3) 写景要截取景物状态最鲜明的片段。

2. 以小见大法

这是一种采用日常生活中看似微不足道的小题材来表现大主旨的方法,可以谈身边小事而寄托深远,论人情世故而放眼世界。具体做法常有两种:(1) 从一草一木、一虫一鸟的小事物中截取迸发诱人的思想火花的细节特征,揭示深刻的生活哲理。(2) 借助日常小故事、小场景烘托时代大背景,透视出生活的本质意义。要注意的是挖掘材料内涵要适度、准确,挖掘的思想不能游离材料蕴涵的本质内涵,导致过度拔高或分散。

3. 移花接木法

是指把别的事物、人物、故事转借到自己作品中,借别处的题材表现人物性格,表现自己要表现的深刻主题的组材方法。材料不一定是生活素材的原版,但要符合艺术的真实,符合生活的内在逻辑,符合事物的客观规律。它可借自己的直接经验,将体验过的事物特征转借到类似的事物上，使描写符合真实，以假乱真。《岳阳楼记》是范仲淹的经典名篇，文中对洞庭湖的描写也气势恢宏，形象逼真，然而范仲淹并没有到过洞庭湖，但他到过太湖和鄱阳湖，同样也能把洞庭湖景色描写得有声有色。

此外，还有彩线串珠法，即将经过选择、取舍后的众多材料用一根线索贯串起来，构成一个有机整体的方法；纵横对比法，即将一个人的过去和现在对比为纵比，将两个人的优劣等放在一起对比为横比；扇面结构法，即用几个典型的人物生活片段或事情情节片段组合起来等。

四、典型例文

守望者

大年初一，我们一家人便骑上自行车，穿梭在噼里啪啦的鞭炮声中，蹬了两个小时回到乡下外公身边。

冬天不冷，迎面吹来的是夹杂着泥土和微微火药味的春风。窄窄的田间小路两侧，是一个接一个的暖棚，偷偷向里面望一眼，哇！是红艳艳的草莓，我垂涎着。

柴门闻犬吠，春节才归人，

外公一个人坐在门口晒太阳，见到远远的有车来，便站起来观望，之后，他那皱皱的脸一下子绽放了，呵呵的笑着：“啊，小妮子回来了，快……快……”他激动得说不出话来了。我这才明白，原来，我已有一年多没有来看外公了。他一个人住的这间小屋子里，装满了温馨，却无处馈赠。

外公做的饭菜，也许是我最记忆犹新的了，咸咸的，油油的，但又是最香的。大米和蔬菜都是外公亲自种的，汲取着家乡红壤的营养，交织着外公辛劳的汗水，怎么看都觉得亲切。他端上自制的扣肉，他知道那是我的最爱，每年都会做上两碗，等我们去吃。见我喜滋滋地咂嘴，外公脸上一直洋溢着笑容，还喝了几盅小酒。

“小妮子啊，现在读几年级啦？”

“高二。”

“啊，什么？”外公侧过耳朵。

“高二！”我提高嗓门。

……

外公耳朵变得这么不好了，他常常听不清别人的话。村里的年轻人都不愿意和他说话。我突然感到鼻子酸酸的，已杖朝之年的一个老人，儿女都远在城里，独自一人过着近乎无声的生活，天天盼望着他们能飞回来看他。

例文评析

春节，走亲访友是我们国人的一大乐事，在走访过程中，我们可以感受到亲人在执着守望的期盼之情，我们还可以感受到日益繁忙的快节奏生活中正在淡化的令人伤痛的心情。“生活无处不飞花。”在生活中发生的事较为繁杂，同学们平时要注意积累这些“飞花”，这就需要有一双识素材的慧眼。本文通过春节回老家看望外公的见闻，写出外公因看见我们回家而流露出的欣喜之情，还有我的一点掩饰不住的伤感。我们不少同学也有过类似的生活体验，只要围绕所表达的主题，能有针对性地选择其中的片段，有机地组合起来，就能写出一篇好文章。

第三讲

记叙文立意的新颖与深刻

训练目标

1. 了解记叙文立意的基本要求。

2. 初步掌握让记叙文立意新颖、深刻的方法。

训练过程

立意，即确立文章的主题。主题是文章的灵魂，统帅全篇内容。记叙文的立意是指通过记人、叙事、写景、状物所表现出来的对生活的体验、认识、感受和评价。古人云："意，犹帅也。""意高则文胜。""意"对文章的高低优劣起着决定性的作用。江苏高考作文评分细则中对立意提出的要求，由低到高依次是：正确、准确、独到、深刻。记叙文立意在正确、集中的基础上力求做到新颖(独到)、深刻。

一、记叙文立意的新颖

崇个性,重创新,永远是作文的灵魂,记叙文也不例外。同学们要尽可能独立地观察、审视事物,写出独到的见解,提出真知灼见,“言前人之所未言,发前人之所未发。”要尽可能摆脱思维定式,对于现实生活、历史人物、事件,或者是过去公认的一些道理,不轻易盲从,不人云亦云。要多想几个为什么,能透过现象去深入探究事物的本质、人性的实质、社会的规律,力争标新立异。

对一些有争议的观点,要反复比较,综合归纳,提出创见。比如,现实生活中无法回避“金钱”二字,哲学家说:“金钱是一个债主,借你一刻钟的欢悦,让你付上一世的不幸。”史学家说:“道德是永存的,而财富每天都在更换主人。”俗语有云:“有钱能使鬼推磨。”“钱有两戈,伤尽古今人品。”也有人说:“金钱不是万能的,没有钱是万万不能的。”……似乎公说公有理,婆说婆有理,对这些论述、见解,进行比较,综合归纳,不难发现,这些看法都是站在不同角度提出的，都有片面性。那么，站在自己的角度想一想，就可能提出自己独立的见解。

让记叙文立意新颖，还可以从以下几方面考虑。

1. 选择紧扣时代脉搏的材料提炼立意

“文章合为时而著。”文章要关注现实生活，具有时代气息，用热点的潮流打动阅卷者的心灵。新的题材更容易提炼新的立意，给人新的启发。中学生应该家事国事天下事事事关心，感受社会冷暖，和着时代脉搏，了解时代精神。记叙文完全可以弘扬主旋律，展现时代风貌。关注时代精神，要关注当前时代环境中的文化、学术、道德、精神和政治等方面的总趋势，感知时代氛围，体现社会道德。今天，我们的时代精神可以用“中国梦”来概括。一切有利于发扬爱国主义、集体主义、社会主义的思想和精神，一切有利于改革开放和现代化建设的思想和精神，一切有利于民族团结、社会进步、人民幸福的思想和精神，一切用诚实劳动争取美好生活的思想和精神都可以视作当前的主旋律。

2. 用逆向思维法来立意

所谓逆向思维指的是不同于习惯和常规的思维，即思考和解决一个问题不是从习惯的正面入手，而是“反其道而行之","倒过来想。"这是培养创造性思维能力极其宝贵的思维品质。反意出新,能豁人眼目,启人心智。其实,生活中不少议题、事例,随着时代的发展,已有了全新的含义。如针对"知足常乐",可以逆向思考,反向立意,写出在学习、工作、事业追求上"不知足者常乐",反弹琵琶,产生新意。对于懒人,人人厌之,有一篇叫《懒人的智慧》的文章,却盛赞懒人,认为是懒人推动了社会的进步。懒人怕走路,就发明了汽车、轮船、飞机;懒人怕砍柴,才有煤的问世、水电的诞生、太阳能的应用……让人耳目一新。

3. 转换视角,如以美审丑,以丑衬美,发现新意

事物总是多方面呈现的,观察、审视的角度不同,得到的结果也不相同。即使同一件事,换个角度叙述,也能给人耳目一新之感。从立意的角度看,我们要尽量避免从正面去观照、审视事物,多从侧面、多方面去开掘。贾平凹的《秃头》极写秃头的方便、可爱,以丑衬美,在莞尔中引人深思。苍蝇被列为"四害"之一,许多文章立意都着眼于苍蝇传播疾病,危害人类健康等方面。有位作者可谓是独具慧眼,他从苍蝇含有丰富的蛋白质而洞见其科学价值,文章别开生面。作家刘亮程曾写过一篇散文,

叫《老鼠也该有个好收成》，宣扬生命的平等，表达博爱思想，可谓独具匠心。“横看成岭侧成峰，远近高低各不同。”独特的视角，使文章立意别致新颖。

二、记叙文立意的深刻

“千古文章意为高。”考场作文“竞争”的焦点很大程度上就落在立意的高低上，其中最重要的一点是“有深意”。深意，就是寄意深。扎根深，树干才高；寄意深；文味才浓。有深意的文章蕴含事理，发人思考、给人启迪，经得起咀嚼。高考作文评判时对“深刻”的具体要求是：透过现象深入本质，揭示事物内在的因果关系，观点具有启发性。

记叙文写作立意深刻化的方法主要有以下几种：

1. 将题材放在宏观的高度去思考

作文中所叙的事件或场景往往是人生历程中的一个片段或侧面，必然受当时的时空、境遇、思想的限制。若能将其放在宏观的高度进行思考，由日常生活的题材上升到生命、历史、文化、哲学等高度，往往能突破“小我”看到“大我”，提升到新的境界。

记叙文中的“小我”是指生活中确实存在的“我”，如家庭中的“我”，学校中的“我”。“大我”是指社会中的“我”，如身为建设者的“我”，爱着这个城市的“我”。“小我”主要以自我为中心，关注的是自己的生活小事和情感变化，而“大我”以社会为中心，关注的是社会共同价值，从社会人的角度去思考社会所需和所缺，敏感于特定群体，如留守儿童、空巢老人、乡村教师、外地打工族、城市蚁族、啃老族等等，敏感于社会热点，如城市化、智能时代、工匠精神等，以此反映人情冷暖、善恶美丑、情理之争、民族心理、民生改革、社会变迁、风土人情、历史文化等社会问题，这样对生活的看法才能深刻而有思想。

比如下面两个片段，内容都是写“我家的菜”，立意高下明显不同。

(1) 这道菜很普通，几乎每个餐馆都有，可是在我的记忆里，只有母亲做的才是真正的西红柿炒鸡蛋，红黄相映，酸甜刚好，色香味俱全。我是吃着这道菜长大的，喜欢这道菜不仅是因为它好看好闻、营养丰富，更重要的是它有母亲的味道，那是温馨，无可取代的……

(2) 南京这南中偏北的地理位置，融合了南北两方的习惯。在南京，兰州拉面可以劲道入味，肉夹馍也可以肉鲜皮酥，港式芒果总是甜软舒畅，扬州狮子头常常肥而不腻。南京人总是同时保有自己对鸭血粉丝汤的热爱，又同时能咽下各式酸甜苦辣的饭菜。

两个片段比较后我们会发现，同样是写菜，前一个着眼于家庭亲情，后一个着眼于地域人情，虽然写家庭亲情的语言精致，情感充沛，但从立意的深刻性来说，还是不及后一个片段。

又如一位考生作文《浸泡过的陈山楂》，作者用质朴而饱含感情的语言为我们讲述了一个有关外婆的感人故事——陈山楂的味道“又苦又甜”，但在外婆用爱和蜜的浸泡、熬制下变得香甜，让年幼的“我”感受到浓浓的爱。但是，慈爱的外婆终究还是去世了，已经没有人帮“我”让陈山楂变得香甜了，而“我”在对外婆的追忆中获得了人生的感悟。文章结尾写道：“人生，是一段很漫长的旅程，也许像陈山楂那样，苦多于甜。但是，人生也没有什么可畏惧的，因为泡过蜜的陈山楂，很香甜。”这段站在人生一定高度的感悟比较深刻，深化了主旨，读来让人回味不已。

此外，还可以通过推己及人，以小见大，升华主旨。

但凡优秀的作者，往往不会斤斤计较于一时一己的得失，而用一种悲天悯人的胸怀，“先天下之忧而忧，后天下之乐而乐。”其人生和作品往往能呈现出大气象、大境界。杜甫由自己的茅屋为秋风所破，想到“安得广厦千万间，大庇天下寒士俱欢颜，风雨不动安如山”，就是人生理想境界的生动体现。

再如某考生在作文《踮起脚尖》中，叙写父母深夜回家，为了不影响“我”而踮起脚尖走路的故事。小作者由此生发了下面的感触：

朱自清有父亲的背影，史铁生有母亲推着轮椅的身躯，傅聪有傅雷先生殷切的家书，而我，我有什么？我有父母踮起的脚尖！父母是平凡的，父母对子女的爱却是伟大的，是无与伦比的，是一个人一生最大的财富。

《踮起脚尖》避免了简单地表现父爱、母爱，将自己的思想感情进行了升华，由个人体验上升到普天下的父母之爱，使主题更加深广。

2. 由现象看本质，因事见理，彰显哲思

哲理是关于宇宙和人生的道理。相比理论化、系统化的哲学而言，它的表现形式通常是智慧箴言。它的功能是让人了解人生的真谛，指引人生的航向。

一篇记叙文如果有能够揭示哲理意义的议论，往往能使主题得到深化。

如某考生写了一篇记叙文《绿色生活》，文中塑造了一个充满“绿色意识”的“外婆”形象。她的“绿色意识”渗透到日常生活的每一个角落，如调整空调温度、垃圾分类、送菜篮子等。文章的主旨没有停留在绿色环保上，而是从“外婆”的身上看到了更深刻的哲理：不论正当壮年还是年逾花甲，不论在追逐梦想还是在享受天伦，乐观、阳光的绿色心态应该是每个人的生活主色调吧！

3. 将人和事放在矛盾冲突中，通过横向对比展示深刻内涵

例如《红楼梦》中“宝玉挨打”一节就颇具启示意义。一个暴怒的父亲将一个不成器的儿子痛打了一顿。但在曹雪芹的笔下，通过这一情节充分展示了诸多矛盾冲突：父子两种不同精神追求之间尖锐的矛盾，宝玉与贾环之间的嫡庶矛盾，贾府内部主仆之间的矛盾，贾府与其他统治阶级的矛盾……由此，读者可以体会出曹雪芹善于从日常生活事件中概括出深刻的社会内容和思想意义的艺术功力。

三、让记叙文立意深刻的常见思维方法

1. 通过“透视式”思维抒发独特感悟

“透视式”思维立意要求同学们拨开迷雾，穿透表象的藩篱，纵向深入开掘，从不同方面，不同角度，由表及里、由浅入深，用思想之手挖掘潜藏在作文题材料纷乱现象背后的事物的本质属性和特点，发现其所蕴含的真谛。一个高中毕业生，一般已经是成人了，应该对社会、人生有比较深刻的理性思考，透过现象深入本质，发表自己对社会、教育、家庭等独特的见解。

比如，2017 年高考天津卷作文题，要求围绕“重读长辈这部书”写一篇作文，审题难度不大，但要写好却也不易。关键是如何在立意上胜人一筹，这就必须运用“透视式”思维进行立意：

首先，抓住试题中的关键词“重读”与“长辈”由表及里透视其语意核心。“重读”则隐含着“以前读过”，只是以前的“读”可能或流于肤浅，或过于感性，或存在误读等，而“重读”则是心灵对话、灵魂触摸，是理性认知，会带来思想的碰撞，也可以说是一次继承与超越。这样就明

确了写作对象以及写作的内容。其次，比较鉴别，选出最佳立意，表达独特的感悟。本道题材料的深层内涵有多种意义。比如，重读长辈这部书，读到了“人生的事理”“传统的积淀”“时代的印记”，读出了“我们自己”、读出了长辈的“成长与成熟”的标志，读出自己与长辈之间的“共识与分歧”……这样，通过比较鉴别，从中选择自己感受最深、最独到、素材积累最丰富、最能表达自己独特感受的角度作为写作的主旨。

2. 通过“追问式”思维凸显时代意识

记叙文立意要深刻，不仅在于认识事物的本质，也在于揭示事物之间内在的因果关系。“追问式”思维立意，就是在阅读作文题材料时，进行由果溯因的追问。这就需要在别人都想到的层面上，多问几个“为什么”，从纷繁的因果中找到最直接、最根本的原因，预见最要害或最有深远意义的结果和发展，揭示事物内在真正的因果关系，并对接社会，站在时代的高度，及时提出并回答当代人们普遍关心的现实问题，表达对生活的认识和看法。这样，观点态度就跳出了常人的范畴。

例如，2017 年高考江苏卷关于“车”的作文题，我们就应追问：为什么车来车往见证着时代的发展？为什么车来车往承载了世间的真情？为什么车来车往折射出观念的变迁？

根据不同的作文题型（材料），或扣住关键词由表及里深入思考，或抓住重点句由果溯因多方追问，由此及彼深入拓展，就可以让自己的作文立意胜人一筹。

3. 由形象思维向理性思辨跃升

高中生的记叙文，如果单纯依靠形象思维去再现生活、反映生活，抒发对生活的直接感受，就会显得深度不够。而理性思辨则对加强文章的深刻性有重要作用。理性强调逻辑思维，可以认识事物发展的本质；思辨则强调推理思维，可以用辩证的眼光分析事物之间的关系。在记叙文中如果有理性思辨火花的闪现，就如同在繁花丛中飞来一只蝴蝶，不仅是好看，更有了生命的灵气。

例如：二楼闲置已久的房子终于迎来了住户，搬家那天，陌生人很多，我看见黄犬（本文的主角）用眼睛怒视着这些人，喉咙里咕噜咕噜发出低吼声，粗粗地喘着气，张着大嘴却发不出什么声音，急得身子颤抖。我心中一震，不愿意接受但必须承认它已经老了，很老很老了。它不是不想吠了，是根本吠不动了，此时依然站在那儿，是为了维护它的尊严，完成它的使命。

这个片段都有意识地加入了几句对生活、生命的理性思考，起到了画龙点睛的效果，在立意上明显高于一般的记叙文。毕竟写人叙事不是目的，抒发感情不是唯一追求，通过写人和事传达自己对生活、事理和人性的理性思辨，才是货真价实的好文章。

四、典型例文

十字路口

我在这个十字路口徘徊着……

昨晚下了雨，地面上潮潮的。我在路口已经驻足了20分钟了。我躲到一个阴暗的角落，偷觑路口的那家饭店。

我很怕生，不敢和别人讲话。妈妈知道我这一点，就四处找机会，希望锻炼我。昨天她找到了这家饭店，让我去打工，非去不可。只能乖乖领命。今天一大早就出门了。在路上，我想到了许多可能性，也许这家饭店今天有事不开门，也许饭店经理不在，我只需要看着其他人忙。最好就是很偏僻，结果我没找到，可这一招我已用过，妈妈肯定会怀疑。不知不觉就到了，里面没有人，门也关着，我庆幸了，也许第一种可能性会成真！

“再等十分钟，如果饭店再不开，我就走……”我心里默想，我真希望饭店不开门，我就有理由走了。可五分钟后，饭店偏偏开了门。

“唉，看来就只有上了！”我假装路过在门口晃过去，偷偷向里面看了一眼，里面好像没人，我就顺着斑马线过了马路。一个经理模样的人站在柜台里，一个服务员在擦桌子。我沿着马路一直走一直走，走得步步艰难且沉重，仿佛是走过了一天，又像只走过了一瞬。结果是我又绕回来了！

“怎么办呢？”我沿着小路，走着。“真是的，妈妈干吗一定要我来？”我踩在了一片落叶上，叶子发出了吱吱的声音。我找了一个僻远的地方坐下来，以便打量着饭店里的一切。看见有面包车停到饭店门口，有人拉了几箱东西送进去。饭店里空无一人，后来又出现一个穿红衣服的人，站在柜台前。好不容易鼓起了勇气，向饭店门口走去，又情不自禁地擦着门，走了。我沿着马路慢慢地走，心跳个不停。“怎么办呢？”

前方是十字路口，再前方就是饭店了。那本来穿红衣服的人换上了工作服。我想走，却动不了。绿灯悄悄闪成了红灯，我呆呆地站在那里。十字路口的车很多，但很有序，每个人都有各自的目的地，他们在我眼前穿梭，踩得落叶"吱吱"地叫。灯又绿了，车辆停了。身边的行人匆匆地走到对面，仿佛我是静止的，仿佛我不存在。我呆呆地盯着对面。

这个十字路口该怎么走？风中，我问道。

绿灯闪了闪，我提起脚向对面冲去。

这个十字路口，我要充满信心地奔跑！

例文评析

本文写了真实的十字路口，更写出了心理上的十字路口。在究竟去不去饭店打工的这个问题的选择中，作者把自己心理上的矛盾和挣扎写得十分传神。面对这个人生十字路口上的选择，作者经过了一番复杂的心理斗争后，在一个真实的十字路口终于做出了自己的选择，充满信心地向对面跑去。这是一个战胜自我的过程，从而使文章立意变得深刻。

第四讲

记叙文的结构

训练目标

1. 了解记叙文写作中常见的结构方式。

2. 掌握记叙文写作谋篇布局的方法及注意事项。

训练过程

结构是文章内容的思路外现，是根据主题的需要，把材料有步骤、有主次地组织起来，成为紧密、有机、统一的整体，使文章前后连贯、浑然一体。好的文章结构要思路清晰、条理清楚，段落的划分恰当，没有颠三倒四的现象。记叙文的结构出新，体现在高考考纲"构思新巧"这一内容上。记叙文结构上的"新"，就是能够合理安排一些具体的写法，如悬念、误会、抑扬、伏笔、铺垫、照应等，这样就可以使行文过程曲折有致，摇曳生姿；所谓“巧”，就是在具体写作过程中恰当安排一些具体的结构方法，如双线索式、插叙式、倒叙式等。

按时空顺序平实叙事是记叙文写作常见的一种模式，通常全文只写一件事，将这件事从开端、发展、高潮到结局一条线写下来。一般人在写记叙文时均会自觉不自觉地采用这种时序贯穿式的结构。这种形式的记叙文内容很单纯，不容易出彩，在高考考场很难得高分。要想写出较高水平的记叙文，必须至少做好以下三个方面的工作：符合记叙文文体特征——善于描写；有意识使用各种修辞手法——使语言生动有表现力；适当的环境描写——渲染气氛，增加文学意蕴。

一、记叙文几种新巧的结构模式

1. 空间转移式

人物的活动和事件的展开都要以一定的空间为背景，所以，人们在写记叙文时也常常会采用空间转移式的结构。这种结构的记叙文，作者或者处于固定的观察位置，然后由此分别观察处于不同位置的几个事物，或者处于行动之中，按照行动路线，逐个展现观察到的不同事物。但不管是哪一种情形，“空间”的不断“转移”，使文章条理清楚、内容充实，这就成了这种结构记叙文的最大优点。

例如：山上，飘逸的云朵，婆娑的树木，瑰丽的花朵，奇崛的岩石，每一处都是一幅美丽的风景……屋前，几株梅，几枝兰幽幽地开花；屋后，挺直的松，苍翠的竹在风中摇曳，地上的青苔也仿佛跟着摇曳了起来……远处，苍翠的青山蒙着一层淡淡的薄纱，极力想掩饰住自己的那份绿，可是怎么遮挡得住呢？连空气中都似乎可以嗅到“绿色”的味道，苍翠欲滴是它最好的写照啊！

很显然，上面三段文字在写“我梦中的小屋”时就采用了“空间转移式”的结构：小作者通过不断地“转移”观察“空间”，分别写了“山上”“屋前”及“远处”的优美景色，大大拓展了“我梦中的小屋”的内涵，而观察思路由上（山上）而下（山下）、由近（屋前）而远（远处），又确实使文章脉络异常分明起来。

2. 画面组合式

画面组合式意味着文章是将几个有内在联系的生活

片段组合起来，多侧面多角度地反映主题。尽管每一个片段都能独立成为一幅图画，但是必须表现中心事物的特征，也就是采用画面组合式，必然是所有的画面都要反映文章主题，这是最基本的要求。在满足基本要求的基础之上，难点就是对画面的描写，不能零乱，既可从不同角度去描写，又要在画面中营造情感，为主题烘托气氛。只有这样，才会在形式上新颖别致，变而不乱，视感强烈，在内容上充实详尽，胜人一筹。

这种结构方式类似于电影中的“蒙太奇”，借用此法写记叙类文章时，我们可以把自己的生活印象和阅读记忆中的镜头“剪辑和合成”到文章中，以拓宽写作思路和选材空间，还可以把来自不同途径的材料“剪辑和组合”到某个人身上，以表现或突出某一种思想。

请看重庆考生的高考满分之作《幸福就像花儿一样》（节选）：

镜头一

邻居家的阳台上有许多种花，我总喜欢站在我家的阳台上观望。邻居家有一个小女孩，我一直都觉得她很烦。这天，我正兴致勃勃地看花，一阵敲门声传来，我打开门一看，是那个小女孩，便不耐烦地说：“你干吗？你知不知道这样很打扰人……”小女孩一脸委屈：“不是，我刚才看见有人偷你的车，我追他，他把车一扔就跑了，我把车推回来，放那儿了……”我再次回到阳台，有一盆花已经开放，灿烂如小姑娘绽放的笑脸……

镜头二

阳光随着颤动的树叶而跳跃，微风轻吻着我的长发。我轻车熟路地来到附近的一家理发店。……我看见一位中年人正小心翼翼地搀扶着坐在车上的老人下车。老人腿脚不灵便，那中年人轻手轻脚的，生怕出半点儿差错。他半搀半抱的，老人终于下了车，脸上洋溢着幸福的笑容。……老人幸福的笑容，如同花儿一样绽放在我记忆的深处……

镜头三

窗外的雨声渐渐变小，我坐在溢满香气的饭桌前，忽然嗅到了幸福与欢乐的气息，我明白那便是家的滋味，很暖，很甜。……幸福就像花儿一样，那沁人的花香成为我心中最柔软的记忆……

选文运用并列式蒙太奇构思行文，描绘了三个生活镜头。三个镜头在情节上并没有关系，但都统一在“幸福像花儿一样，为懂的人绽放”的题旨中，形散神聚，给人以美的享受和启发。

这种结构模式一般如下：① 开头点题定向，领起下文。② 主体分承，扇形铺陈，各个片段之间既各自独立，又彼此勾连。③ 结尾呼应前文，点明题旨。

这种模式有以下几种优势：① 构思便捷——考场情境下心里紧张，思路容易堵塞。而片段组合式作文只需扣紧立意，分析话题，或横向并列，或纵向延伸，从平时的积累中调取，组织几个片段，构思比较便捷。② 结构明晰——考场作文阅卷时间短，需要老师一瞥之下就能读懂你的行文思路，所以结构不能混乱，也不宜繁复，以明晰为上。片段组合式作文整体布局总—分—总，主体部分三到四个片段，结构富于建筑美感，匀称明晰，阅卷老师只需数秒就可以把握全文脉络。③ 主体充实——与有些“银样镴枪头”，首尾辞藻繁丽，主体单薄空洞的“包装式”作文相比，片段组合式作文更注重主体部分的写作，它的着力点在片段，追求片段的内容充实，细节精彩。

3. 联想式结构

联想式结构模式，就是用内容虚实截然不同的一些镜头画面，连续地组接起来，造成一种虚实相生，亦真亦幻的艺术效果。所谓实，是写眼前景，眼前事；虚，是回忆、想象或者是联想。

请看江苏高考优秀作文《跳水》(节选)：

他终于又一次站在了这座桥上。他用皱巴巴的手掌摸着桥上满是缺口和裂痕的栏杆。

这座桥很高，离水面至少有十米，江风长年累月地吹打着这座旧桥，在它的身上刻下了一道道伤疤……他慢慢地摸索到了桥边的缺口，步幅缓慢而无力，仿佛一座随时可能倒下的老朽雕像。……不知不觉地，他又想起了少年之时，他第一次站在桥上也是这么地头晕目眩。十米的高度让年轻的他不自觉地颤抖。“跳吧！没关系的。”水中的发小这么喊着，他咬了咬牙，再次盯住了水面，然后跳下。水花溅了一米多高，将他的发小彻底打湿。“没关系吧?”发小问。“嘿。”他摸了摸红红的屁股，咬了咬牙答道。然后在发小促狭的笑声中，他狠狠地给了发小一拳。

“年轻真好。”他回过神来，继续看向了水面，盯着，盯着，仿佛看到了当初的自己，年轻，健康，有活力，和现在的他完全不同。他从胸口的口袋中摸出了药和一张照片，突然笑着将药顺着风扔了出去，药落在了水面上，溅出一朵小小的水花……

选文运用联想式蒙太奇构思行文，新颖别致。文中的“他”决定，在他人生的最后时刻，再做一次让自己无比怀念的事——跳水。脚下的桥和桥下的水，引发他的联想，由此他想到和发小一起跳水的日子，想到年轻时跳水的一幕：“跳吧！没关系的。”水中的发小鼓励着他。他咬了咬牙，再次盯住了水面，然后跳下。这一幕就是运用联想式蒙太奇写成的。作者紧扣“青春不朽”的题旨，写得深沉凝重，动心摇情。

4. 一线串珠式结构

动人的材料，用一条线索贯穿，就有可能成为一篇佳作。反之，少了一根贯穿的彩线，珍珠再美也难成项链；线索，对记叙文而言非常重要。

写记叙文时，我们可以根据需要，用时间线、空间线、情感线、细节线、人物线、实物线、中心事件线、主题线、画面线等，把材料精心地组织起来，形成“一线串珠”式结构，表达一个共同的中心。这样，就能使一篇文章浑然一体，满篇生辉。“一线串珠”之“线”主要有以下几种形式：

（1）以时空线串珠。以时空变换为线索，即以时间的推移、地点的转换为线索安排材料，构思情节，把不同的时空、人物串联在一起。记叙文以时空的变换为线索串起全文，具有千头万绪一线牵之效。

（2）以情感线串珠。以情感为线，就是把人物各个阶段的情感态度作为行文的线索。这样，文中人物的思想感情的发展分明，各个阶段贯穿自然，对照清楚。以情感为线，一是感情要真实，二是感情要有变化，三是感情线索要贯穿始终。如鲁迅的散文《阿长与山海经》全文就以作者对阿长的情感变化为线索。

此外，还有以意象（物象）线串珠、以典型细节线串珠等结构形式。还可以采用双线索式结构，就是指整个文章按照两条线索展示故事情节，表现人物形象，反映社会现实。具体而言，可以是明暗两条线索，也可以是“花开两朵，各表一枝”式的并列线索。考场中运用这种写法，可以使文章构思新颖，结构巧妙。

二、记叙文谋篇布局的常见技法

1. 悬念解疑法

安排悬念，也称为“卖关子”，是记叙类作品常用的一种构思方式。具体而言，就是在文章的某一部分（可以在开头，也可以在中间）设置一个疑问或矛盾冲突，以造成读者某种急切期待和热烈关切的心理状态的一种手法。因为悬念是兴趣不断地向前延伸和欲知后事如何的迫切要求，所以悬念设置得好，就能收到吸引读者始终怀着紧张情绪或关切心情迫切地读下去的艺术效果。

在作品中设置悬念，一是可以使叙事避免平铺直叙，使文章波澜起伏，增强生动性和曲折性；二是可以吸引读者，牢牢抓住读者的心。民间说书艺人说书时常利用人们总有“欲知后事如何”的心理，用悬念来抓住听众。基本套路模式为：设置悬念→探因解疑→解疑明旨。其具体做法往往是先叙结果，后叙原因；或先埋伏笔，后加以照应。在具体设置时，既要藏，又要巧妙地“露”两手。这样才会形成曲折回环、跌宕生姿的故事情节。

2. 抑扬互变法

所谓“抑扬互变法”，就是指在文章中对所写之物，或欲扬先抑，或欲抑先扬，陡然一转，或褒扬抬高，或贬低否定的一种艺术手法。运用这种方法来构思写作，往往可以使文章波澜陡起，摇曳多姿，从而达到“山重水复疑无路，柳暗花明又一村”的佳境。

抑扬互变往往使最后的结局与铺垫的方向形成巨大的反差，往往大出读者的意料，但更加耐人寻味。这一类作品，情节跌宕，意味深长，意蕴丰富而深刻，艺术效果十分强烈。欧·亨利是运用这种手法的高手，如《最后的常春藤叶》。

具体作文时讲究过渡自然顺畅，不能有唐突牵强之感。既可以在一个人物身上寄寓着褒贬，使之相互映衬，也可以在两个或多个人物身上各寓褒贬，使之产生对比。或者，对人或事的褒贬并不直接道出，而是在事件的发展中慢慢显现出来，以此造成情节的曲折跌宕。

3. 照应圆合法

俄国短篇小说大师契诃夫谈小说创作时说："要是你在头一章里提到墙上挂着枪，那么在第二章或第三章就一定得开枪。如果不开，那枪就不必挂在那儿。"前面写到的事物，后面要有着落；后面写到的事物，前面要有交代，这就是所说的"照应圆合法"。写作假如忽视照应，就会造成上下文之间脱节，使全文结构支离破碎。

照应手法一般有以下几种：

（1）首尾照应。文章的开头与结尾遥相照应。这就是说，把开头描写的事物或提出的问题，在结尾处用各种方式加以深化或回答，给人首尾圆合的印象。

（2）文题照应。这种照应法往往用在标题比较含蓄或含义较深刻的文章中，须加一定说明、注释。因此行文对标题起了注释、说明、点化的作用。

(3) 对话照应。就是以典型人物语言多次重复照应。如鲁迅《祝福》中祥林嫂的口头禅："我真傻，真的，我单知道下雪的时候野兽在山坳里没有食吃，会到村里来；我不知道春天也会有。"这句话在文中多次出现，突出了孩子之死对祥林嫂的沉重打击。

(4) 细节照应。生动而典型的细节反复出现，可以突出细节的典型意义。如茹志鹃短篇小说《百合花》中，小通讯员衣裳的破洞共出现四次，突出小战士羞涩、淳朴的性格。

记叙文要做到结构完整，浑然一体，还要讲究"过渡"。所谓过渡，就是把文章中表达不同意思的前后段用简明扼要的语言连缀在一起，使它们形成一个整体，共同为表现主题服务。一般地说，在记叙文写作过程中，每当遇到需要转换叙述内容时，往往要使用过渡句或者过渡段进行过渡。有时候可以是一个承上启下的句子，有时候可以是事例之间的抒情和议论的段落，目的是把本来各自独立的事情联系起来。

4. 伏笔铺垫法

设置伏笔，就是文章在写作过程中，为了使后面的写作内容有背景的支持，在前面某个特写的情节中先简单提示。伏笔貌似闲笔，但对整个情节的连贯起着很重要的作用。

而记叙文中的铺垫，一般而言是为主要人物出场或主要事件发生而事先进行描述渲染的一种表现手法，它为主要人物提供有效衬托，为主要情节提供基础和支撑，能极大地丰富文章内容，增加文章厚度，增强文章的内在逻辑。

三、记叙文的叙事顺序

1. 顺叙

按事件发生的顺序，依次叙述事件的起因、经过、结果。

2. 倒叙

开头先交待故事的结果，然后从头叙述故事的发生、发展过程。如何运用倒叙手法来构思作文呢？

(1) 可以把文章中最精彩的部分提到文章开头叙述

描写。

如2006年天津高考优秀作文《抓住为你打开的窗》(以“愿景”为题)一文开头：

“这次只差三分……”电话那边传来表哥沮丧的声音，我竟不知道怎么去安慰他。“小弟，相信我，只要有一线希望，我就会把考研进行到底！”悲壮的语调，不容争执的口吻，让我搁下了电话。是敬佩，还是同情，或是不屑，我有些木然了。

作者把接电话这个场面放在开头，然后叙述表哥家庭贫穷，而父亲又不懂商海险恶，被人陷害牵扯上经济官司，因法官误判，父亲锒铛入狱。表哥由此暗下决心，要考取研究生，当个匡扶正义的大法官，让父亲走出晦暗。文章开头引人入胜。

(2) 可以把事件的结果先写出来，然后再按时间顺序或地点转换叙述事件的过程。

(3) 可以把整个事件中最能表现文章主题的部分提到开头叙述。

如《祝福》的开头渗透着作者对祥林嫂命运的深切关怀与同情，表现了强烈的反封建主题。

采用倒叙的方法，能增强文章的生动性，使文章产生悬念，同时也会让读者对故事情节和人物形象留下深刻的印象。另外，这种方法还避免了叙述过程中的呆板和结构的单调。

3. 插叙

插叙是叙述中较为灵活的一种方式。一般是作者在叙述主要情节或中心事件发展过程中，暂时中断叙述线索，即不依时间顺序而插入有关的另一故事片段或事件，对主要情节或中心事件做必要的铺垫、照应、补充、说明，使情节更完整，结构更严密，内容更充实。插叙结束后，再继续原来的叙述。运用这一方式，可以使表达充满曲折性，使人物形象的表现更为充分。

四、典型例文

父亲的布底鞋

在我的心目中，父亲一直都是顶天立地的英雄，他的胸怀宽阔如大海。

父亲一直都穿着一双布底鞋，白底黑帮，宽宽大大，在大街上来来往往的人群中显得格外刺眼，格外落伍。

我曾经笑着问父亲："你现在已经是响当当的大人物了，怎么还穿这么土的鞋子？"父亲微笑了许久，没有说一句话。

父亲曾经对我说："孩子，你别以为现在咱们有钱了，可咱的血管里流的是农村人的血，咱的骨子里要有农村人的那份质朴和忠厚。"我听着父亲的话，若有所思地点点头。

父亲小的时候，家里很穷，父亲没有好衣服穿，还吃不饱肚子，但是父亲学习很刻苦，肯下功夫，老在班里拿第一名。

在贫困的威胁下，许多孩子都辍学回家去放羊，但父亲的父亲，我的爷爷，一个老实却又坚毅的庄稼人，咬着牙说："再苦再穷，也要让娃儿把学上出来。"就这样，爷爷用他宽阔的肩膀和晶莹的汗滴硬是供父亲上完了初中，而家里也因此穷得一无所有了。父亲，以他农村孩子的吃苦耐劳和憨厚聪明，以全县第一名的好成绩考入了县重点，但也在爷爷的心头升起了一片愁云："娃儿这么争气，可到这县城中学上学的学费从哪里来？"爷爷在炕头辗转反侧愁了一晚上都没愁出个结果。第二天早上，爷爷沉着脸对父亲说："今天早晨你跟我去割麦。"懂事的父亲眨了眨眼睛，像明白了什么，二话没说拎起镰刀就跟在爷爷身后迈出了院门。

可当爷爷迈出门槛后，不由愣住了，父亲也愣住了——全村老小男男女女都站在门外，有的手里拎着半截米袋，有的提着一只瘦鸡，有的捏着几张破损了的沾满汗渍的钞票，有的托着几件陈旧却干净的衣服……村长四爷爷微微笑着说："咱村祖上风水好，出秀才，小三子（父亲的小名）替咱村争了一回脸，咱村人脸上光彩……大家来送送娃儿……"眼泪顺着爷爷脸上的皱纹滑了下来，爷爷对父亲大吼一声："给大伙跪下……"父亲"嗵"的一声，双膝落在泥土地上……

父亲后来对我说："你知道我为什么一直都穿着布底鞋吗？那天我走的时候，村里四奶奶塞给我一双布鞋说：'小三子啊，这年头大伙儿都困难是实情，可人活一辈子，不能老想着自己，还要多替别人着想着想，谁家没有个难处啊？你四奶奶我活到这把老骨头，就盼着子孙后辈能出个人才，将来做个大官，让咱村子所有人都能吃饱饭，孩子们都能念上书。'后来我上了大学，见了世面，可每当我面对城里灯红酒绿的世界时，当年全村人送我的情景就浮现在我的眼前。人得有良心，不能只图自己过得好，还要多替别人想想！”

看着父亲眼角闪光的泪珠，我忽然明白了父亲当年大学毕业毅然放弃优厚待遇回到村里带领大伙儿开办企业的原因：人不能光为自己活。

例文评析

本文采用了线索串珠式结构。线索串珠式要求作者以典型的事件、人物或事物贯穿全篇，并以此串联相关材料，从而反映主题。《父亲的布底鞋》就是以父亲的“布底鞋”为线索引出一系列的人物和事件，但是作者并没有开篇就点出“布底鞋”所蕴含的深意，只是给人一个简单的印象，“布底鞋”代表着农民的“质朴和忠厚”。接下来又回顾了父亲艰难求学的过程，在穷得“一无所有”的情况下，父亲今后的生活就会从事“割麦”这样的农活。但是事情的发展出现了转机，全村的老百姓集全村之力供父亲读书，这个时候，“布底鞋”再次出场，四奶奶把一双同样的“布底鞋”送给了父亲，并告诉父亲“要多替别人着想”。“布底鞋”所蕴涵的意义再次得到升华，并不仅仅是简朴的代表，更是全村人民深厚情意的凝结，是携手互助的典型象征物，同时也影响了父亲今后道路的选择。

文章的最后一段实际上不仅仅回扣了前文中的“要多替别人着想”，更进一步通过父亲的身体力行，将“人不能光为自己活”的主题再次深化，使得文章的立意整体得到提升。这种三段式的层层递进，揭开了“布底鞋”的层层内涵，作者这种抽丝剥茧的行文方式可谓用心良苦，撼人心魄。

由此可见，线索串珠式不仅仅需要有一条线索贯穿始终，更要深化线索所代表的内涵，这样线索串起的就是珠贝，而不是简单事件的糅合。

第五讲

写出记叙文情节的波澜

训练目标

1. 初步掌握悬念、误会、巧合、突转、抑扬变化等兴起记叙文情节波澜的方法。

2. 避免设计记叙文情节波澜时容易发生的种种误区。

训练过程

记叙文从某种意义上说就是讲故事的艺术。“故事人人会讲，巧妙各有不同。”生活中许多事并不见得特别曲折复杂，可当作家把它的时序打乱，重新组合，往往能使它产生震撼人心的力量。清代的袁枚在《随园诗话》中说过“文须错综见意，曲折生姿”，“为人贵直，而作诗文者贵曲。”“文似看山不喜平。”因此，写作就存在一个兴波澜、生变化的表达技巧和方法的问题。《水浒》中写李逵先后杀死四只老虎，手起刀落，毫不费事，真个是英雄，但是却远远不及景阳冈武松打虎那么引人入胜，这是为什么？原因很简单，就是武松打虎写得波澜起伏，险象环生，能紧紧抓住读者。可见记叙类文章的构思应有情节和情感的水位落差，造成遏止、积蓄、冲击、突破，一波三折，从而产生曲折生动的艺术美，达到引人入胜，扣人心弦的效果。

那么，打破章法的平铺直叙，让记叙类文章掀起情节波澜的方法有哪些呢？

一、巧设悬念

何谓悬念？悬念即作者在文中预先设置的能引起读者兴趣、关切、焦虑并急欲知道底细的情境，俗称“扣子”“关子”。简而言之，悬念就是让读者的心悬起来，让读者产生强烈的关切、期待心理。悬念在叙事文学中有着神奇的魅力。

例如：伊莉薇娜的弟弟佛莱特和她的丈夫巴布去非洲打猎。不久，她收到弟弟的电报："巴布猎狮身亡。"伊莉薇娜悲不自胜，回电："运其尸回家。"三星期后，从非洲运来一个大包裹，里面是一具狮尸。她又赶发了电报："狮收到，弟误，请运回巴布尸。"很快得到了非洲的回电："无误，巴布在狮腹中。"(《四封电报》)

这篇百字超短小说情节大起大落：巴布猎狮身亡掀起第一个波澜；运巴布尸收到的却是狮尸，掀起第二个波澜；"无误"的回电则掀起第三个波澜。三个波澜都是作者设置悬念的结果：猎狮会出现什么情形？巴布猎狮的具体经过是怎么回事？运巴布尸怎么成了运狮尸？悬念迭起，直至第四封电报方才圆满释去悬念。

二、利用巧合

俗话说："无巧不成书。"巧合就是把本来互不关联的人物、事件以一种特定的形式联系在一起，从而增强文章情节的故事性，深化文章的主题。制造巧合能使情节曲折起伏。

例如：寒风凛冽。一个秃头的老乞丐在街头乞讨。

人们缩颈揣手，行色匆匆，老乞丐一个子儿也没有讨到。饥寒交迫中，他发现一个衣冠楚楚的绅士朝这边走来。乞丐忙迎上前去，伸出脏兮兮的手，颤巍巍地说：“上帝保佑您，尊敬的先生，行行好，赏几个铜板吧！”

绅士看了看这个裹着破烂棉袄在寒风中冻得瑟瑟发抖的秃头老汉，便开始摸自己的衣袋。但摸遍了衣袋也没有找到一个铜板——他身上没有带钱。可怜巴巴的老乞丐非常失望。

绅士踌躇了一下，摘下自己的帽子，放在乞丐摊着的手上。

老乞丐捧着温暖的帽子不知所措，呆呆地看着绅士在寒风中渐渐远去——绅士一摘下帽子，他便发现绅士也是个秃头。

这段文字构思的巧妙之处就在于运用了巧合法——乞丐讨钱，而绅士却没有带钱，是一个巧合；乞丐和绅士都是秃头，又是一个巧合。这样，在凛冽的寒风中，绅士将自己戴着的帽子送给乞丐，不仅显得合乎情理，而且难能可贵——绅士的行为不是一般意义上的乐善好施，而是舍己助人。前文描写乞丐秃着头在寒风中乞讨，文末描写绅士秃着头冒着寒风远去，耐人寻味。作者反复描述天气严寒，为人物活动渲染了气氛，突出了秃头绅士行为的可贵，显示出秃头绅士形象的高大。

再如欧·亨利写的一篇短篇小说《麦琪的礼物》中，丈夫为了给妻子一头漂亮的秀发买一把梳子，就卖掉了自己最珍贵的手表。妻子为了给丈夫的手表配上一条美观的链子，忍痛卖掉了心爱的长发。当一个拿着梳子一个拿着表链子出现时，那是怎样痛心而感人的场面呀！不过，要知巧合就是偶然。利用巧合使文章波澜起伏，但这巧合又应是合乎生活逻辑、合乎生活情理的，绝不是瞎编乱造。

三、铺陈误会

这种方法就是首先故意把你引入一个事先设置好的圈套里，让你认为是这么回事，结果却是另一回事，从而达到情节的起伏。记叙时需先尽力“误导”读者，不让被表现的人、事、物露出真面目，为后面的变化“蓄势”，以形成反差。“误会”源于人与人之间的错误理解。这种错误理解使得人物之间的对话、行动、感情等等都朝着意外的方向发展，从而掀起事件的波澜。

例如：语文课上，我正在随着林黛玉在荣国府转得晕头转向，忽然感觉后桌伸来一只脚碰了碰我的脚。低头看时，一只球鞋缩了回去，片刻那只脚又伸过来蹭到了我的脚！还未待它缩回，我瞅准了使劲一踩，一阵强忍的微弱呻吟之后，那只脚狼狈地逃了回去。

我再也没有情绪去理会林妹妹了，心里恼火得要命：哼，看上去挺老实，原来心挺歪的。怪不得每次照面，他都微笑着先打招呼，眼睛好像总盯着我。还有那次我跟同桌说我爱看名著，第二天他就借我两本，什么意思嘛，不安好心！

好容易熬到下课，我忙不迭地要站起身出去透透气。谁知，刚一站起来，脚下踩到一个什么东西，嘎的一声，吓我一跳，低头看时——

一支钢笔被踩得粉碎，痛苦地躺在我的脚边。

天哪！那是他的……（《尴尬瞬间》）

一个男生的钢笔滚到“我”的脚下，这个男生用脚去拨自己的笔，不小心碰到“我”的脚，于是“我”浮想联翩地产生一系列误会，当下课时看到被踩得粉碎的钢笔时才恍然大悟，至此误会解除，令人拍手称妙。

“误会”源于人的思维定式，定式的思维和事件的发展产生矛盾的时候，波澜就产生了。

四、情节突转

情节突转指记叙文编故事时故意顺着某个方面叙述下去，层层推进，直至情节高潮时，来个 180 度大转弯，顿起波澜，一下子把读者带到意想不到的境界，从而激发起读者“不看不知道，世界真奇妙”的阅读快感。情节突然出现大的逆转，使文章显示出“壑谷幽深，峰峦起伏”的面貌，有时会收到“山重水复疑无路，柳暗花明又一村”的艺术效果。如“欧·亨利式结尾”，出人意料，但看似意外，想一想又在意料之中。这种转变有时表现为喜事突然转变成悲事，有时表现为人物从顺境突然转为逆境，完全超出人们所预料的正常轨道，引起读者惊奇的感受。

情节突转一般包含两大部分：“蓄势在前”和“逆转在后”，即先形成一种思维定式，然后突然打破积蓄已久的定势，从而造成一种久蓄而猝发的艺术冲击力。突转必须以“新”为其灵魂，以“意料之外”造成读者惊奇，同时要使读者在惊奇之余细细品味前文，往往又觉得在情理之中。例如：

有一个画家叫丁丹青，他画画得非常好，家喻户晓。

一天，一位老朋友来拜访他，画家有事出去了。这位老朋友看见桌子上放着一张画，便顺手带了回去。凭他俩多年的交情，这算不了什么。老朋友回到家，把这张画装在画框内，挂在墙上，一边品着咖啡，一边欣赏。慢慢地，他隐约看出了一点门道：那花，那草，那树，搭配得虽然古里古怪，但却有一种内在的难以言喻的神韵，真是神妙极了。

“爸爸，您在干什么呀？把这种烂画挂在墙上。”儿子不知什么时候进来了。

“什么？这可是丁丹青的画呀！”父亲有点不高兴。

儿子显然吃了一惊。他是美术学院的学生，对画的鉴赏力还是很高的。于是，他来到画前，重新审视了这幅画。

“嗯——这幅画虽然有些古怪，不过画里却有一种妙不可言的精神，真不愧是名人的画呀！”

“这是谁的画啊？画得这么糟，你们还把它挂在墙上。”儿子的老师进来了。

“什么？这可是丁丹青的画呀！”父子俩齐喊道。

老师显然也吃了一惊。他连着咳了几声，推了推鼻梁上的眼镜，又把画琢磨了一番，才说道：“这幅画初看不怎么样，可细品就会发现有一股溢于表里的灵气。你看，这花，这草，这树……名人的手笔就是不一样啊！”

正当他们细细观赏时，丁丹青进来了。他一眼瞥见墙上的画，惊叫道："老朋友，你怎么把我学生的画拿来了。你看，这花，这草，这树，画得这么糟，我还准备让他返工呢。"

众人目瞪口呆。(《名人的画》)

这篇习作吸引人之处就在于结尾。文章开头和中间部分在不停地蓄势，吸引读者追寻故事的结局，这样把读者的注意力和情感愿望吸引到"这是一幅难得的好画"这个方向，渐渐推向高潮。可是当这种势头达到顶点时，笔锋陡然一转，突然揭晓答案，出现了另一种结局，掀起了波澜。这篇文章情节上同时采用了突转和误会法，受到了良好的效果。

五、抑扬相生

抑扬相生指运用欲扬先抑或欲抑先扬的写作手法。"抑"就是压低、否定，"扬"就是振发、褒扬。而"抑扬相生"，是说文章要有"抑"有"扬"，相互生发，富于变化。这种方法也会使记叙类文章顿生波澜，文采飞扬。

先抑后扬也叫欲扬先抑，即对人欲表扬而先批评，对事欲说对而先说错，对物欲说好而先说坏。如鲁迅写的

《阿长与山海经》先写对长妈妈的不满与讨厌，最终赞美长妈妈的伟大。

欲抑先扬如王安石的《伤仲永》一文，第一段写仲永五岁时“指物作诗立就”，这是“扬”，第二段写仲永“泯然众人矣”，这是“抑”。文中“扬”是引子、是由头，“抑”是结论、是目的，借以劝诫警示，读来发人深省。

运用抑扬相生法时，应注意以下问题：首先，把握好“抑”和“扬”的分寸。采用欲扬先抑的写法时，不要把事物贬抑得一无是处，总要留有“扬”的余地；采用欲抑先扬的写法时，如果“扬”得过了头，就会喧宾夺主，贬“抑”就没有了力度。其次，要把握好“抑”和“扬”的比例。运用先抑后扬的写法，要注意抑少扬多，扬能压抑。如果“抑”的成分过多，“抑”和“扬”的反差比例失当，“扬”就显得绵软无力。第三，把握好“抑”和“扬”的转换。如果“抑”得还不到火候就“扬”，或者“扬”得还不到火候就“抑”，“扬”或“抑”就会不给力。而如果“抑”或“扬”过了火候，迟迟不“扬”或迟迟不“抑”，也会影响到“扬”或“抑”的效果。“抑”“扬”转换的最好时机，就是内容上前后很自然地形成转化关系的时候，可以用“然而”“但是”等表示转折关系的连词做标志。

此外，在叙述的顺序上也应笔法灵活、富有变化。可以通过倒叙插叙，使情节波澜起伏。大多数同学在写文章时习惯于运用顺叙的写作顺序，如果根据文章内容加以适当改变，运用倒叙和插叙的形式，适当地颠倒时空，穿插回忆性内容，往往也能起到尺水兴波、别开生面的效果。

总之，情节的基本过程类似亚里士多德所说的“结”和“解”。所谓“结”，就是悬念、危机。所谓“解”，就是事情的转化。二者之间的关系是一种因果关系，由于有了危机，就有解决危机的转化。设计情节就是设计危机和转化，也就是把危机当成原因，把转化当成结果。情节本质上是一种因果转化的过程。

当然，设计情节的波澜时也要注意，不为“波澜”而设计波澜。波澜的设计要为表达主题、塑造人物服务，要符合生活的真实、艺术的真实。为了让记叙文波澜起伏，同学们写作时应避免以下误区：

1. 按部就班，缺乏时空转换。有些同学提笔就是按时间、地点、人物、事件或起因、经过、结果来写文章，这种按顺序结构文章的方法处理不好就会有落入俗套之感，让人看到开头就能大致判断出结尾，文章缺乏起伏和变化，读来乏味，无法吸引读者。

2. 平铺直叙，缺少张弛开合。一般说来，文章应该既有平淡或舒缓的内容,又有紧张或生动的内容,但是有些同学在写作记叙文时往往忽略了把紧张生动的部分穿插到平淡舒缓的部分中,结果导致文章记叙如流水账,平淡无奇,寡淡乏味。

3. 过于繁复,引发阅读疲劳。有些同学为了吸引读者,将情节描写得过于繁复曲折,吊着读者的胃口迟迟不放松,结果反而让读者期待太久,感到一种阅读疲劳,索然无味。也不能为了达到叙事曲折的目的而故弄玄虚,穿凿附会,结果反而脱离生活实际,破绽百出,使文章充斥着一种不真实感,让人觉得不可信。

六、典型例文

生　命

[美] 克伦·沃森

有一年夏天的下午,我在山上一连割了几小时的柴草,最后决定坐下来吃点东西。我坐在一根圆木上,拿出一块三明治,一边吃一边眺望那美丽的山野和清澈的湖水。

要不是一只围着我嗡嗡转的蜜蜂，我的闲暇心情是不会被打扰的。那是一只普普通通的却能使野餐者感到厌烦的蜜蜂。不用说，我立刻将它赶走了。

蜜蜂一点儿也没有被吓住，它很快飞了回来，又围着我嗡嗡直叫。哟，这下我可失去了耐心。我一下将它拍打在地，随后一脚踩入沙土里。

没过多久，那一堆沙土鼓了起来。我不由得吃了一惊，这个受到我报复的小东西顽强地抖着翅膀出现了。我毫不犹豫地站起来，又一次把它踩入沙土中。

我再一次坐下来吃三明治。几分钟以后，我发现脚边的那堆沙土又动了起来。一只受了伤但还没有死去的蜜蜂艰难地从沙土里钻了出来。

重新出现的蜜蜂引起了我的内疚。我弯下身去察看它的伤势。它右翅还比较完整，但左翅却皱折得像一团纸。然而，它仍然慢慢地一上一下抖动着翅膀，仿佛在估计自己的伤势。它也开始梳理那沾满沙土的胸部和腹部。

这只蜜蜂很快把挣扎的力量集中在皱折的左翅上。它伸出腿来，飞快地捋着翅膀。每捋一次，它就拍打几下翅膀，似乎在估量自己的飞翔能力。哦，这可怜的小东西以为自己还能飞得起来！

我垂下双手，跪在地上，以便清晰地观察它那注定是徒劳的努力。我凑近看了看，心中想，这蜜蜂完了。作为一名飞行员，我对翅膀太了解了。

然而，蜜蜂毫不理会我对它的判断。它继续整理着翅膀，似乎慢慢恢复了力量。它捋翅的速度加快了，那因皱折而不灵活的薄纱似的翅膀现在几乎已被抚平。

蜜蜂终于感到自己已恢复了力量，可以试着飞一飞了。随着一声“嗡嗡”的声响，它从沙地上飞了起来，但连3英寸远也没有飞过。这小生灵摔得那么可怜，它在地上挣扎着。然而，接下来的是更有力的捋翅和扑翅。

蜜蜂再一次飞起来，这一次它飞出了6英寸远，最后撞在一个小土堆上。很显然，这只蜜蜂已经能够起飞了，但还没有恢复控制方向的能力。正如一名飞行员在摸索一架陌生飞机的特性，它遭受了一次又一次的失败，每一次坠落后，它都努力去纠正新的失误。

蜜蜂又飞起来了。这一次它飞过了几个沙堆，笔直地向一棵树飞去。它仔细地避开树身，控制着飞行，然后慢慢飞向那明镜似的湖面，仿佛是要去欣赏自己的英姿。

当这只蜜蜂消失后，我才发现，自己还跪在地上，已跪了好久好久。

例文评析

一只幼小的蜜蜂因为影响了“我”野餐的心情，两次被“我”踩入沙土中，然而它两次从沙土中钻了出来，经过顽强的努力，最终“飞过了几个沙堆，笔直地向一棵树飞去”。文章赞扬了蜜蜂顽强拼搏的精神和永不言败的信念，欲扬先抑的手法使这一主题得到了有力的彰显。作者在连用“抑”笔之后，着重描绘了蜜蜂第二次从沙土中钻出来的情形（从“艰难地从沙土里钻了出来”直至“笔直地向一棵树飞去”）。正是蜜蜂顽强执着的精神品质，让“我”对它的情感发生了转变，由“自己还跪在地上，已跪了好久好久”不难看出，“我”已彻底被蜜蜂这种顽强的精神和坚定的信念所折服。

写作训练

请以“意外”为题，写一篇不少于 800 字的记叙文，不要套作，不得抄袭。

第六讲

记叙文如何合理虚构情节

训练目标

1. 认识到记叙文情节合理虚构的必要性。

2. 掌握记叙文情节虚构的方法及注意点。

训练过程

一、什么是记叙文情节的虚构

你在看电影、看电视剧、看小说时，看到过“本故事纯属虚构，如有雷同实属巧合”这句话吗？纯属虚构，为什么又会雷同和巧合呢？可见虚构不是凭空捏造。那么什么是虚构呢？虚构是凭想象创造出来的。作家在创作过程中，依据生活逻辑，通过想象和撮合，创作出现实生活中并非存在，但又在情理之中的人生图画。简单地说，虚构就是主观上合乎情理的想象。虚构的对象可以是故事情节，也可以是某个人物、场景或细节等。

二、记叙文情节为什么需要合理虚构

尽管老师要求同学们仔细观察生活，开拓视野，广泛涉猎，重视生活实践，但不少同学上学期间被束缚在学校，假期也被父母塞进了学习班，缺少对生活的真切感受，难有深刻体验。写作中，如果一味苛求“写真事”，照相式的照搬生活的真实，由于生活经历的单一、雷同，作文很可能似一个模子造出来的，素材雷同，缺少新意，这就需要虚构。打个比方，现有一杯白开水、一杯高级饮料分别摆在我们面前。如果我们排除一些特殊原因（如个人爱好、身体因素等），我们往往会选择饮料。原因很简单，白开水淡而乏味，虽然它是最纯洁最“真实”的，而饮料，经过厂家加工处理了。就像一篇记叙文，如果一味强调“真人真事”，可能淡如白开水，这样的文章就不能激发读者的阅读欲望。

其次，生活的真实通常是无序的混乱的，是无主题的，更是表面化的。写作时如果照搬现实，文章就会粗糙不堪。因此，写作时必须对生活的真实去粗取精，提炼虚构，进而达到艺术的真实。艺术真实的美存在于似与不似之间，这种真实源于生活，又高于生活，它是从生活中提炼出来的。这个提炼的过程就是艺术化过程，它决定了记叙文的艺术性，而虚构则是生活的真实和艺术的真实相互转化的中介。

第三，作文是表现生活，而不是再现生活，是一种创造性的精神劳动。独创，是作文的生命。因此作文必须根据表现个性化生活和感受的实际需要，对获取的已经融入自己主观情趣的生活素材进行必要的加工，对生活中的真人真事作“变形”——或删减，或移植，或补充，或想象，或改造，使其更突出，更生动，更形象，更有趣，才能适合中心和自身感情表达的需要。诚如文学大家鲁迅在谈到自己创作经验时所说：“没有专用过一个人，往往嘴在浙江，脸在北京，衣服在山西，是一个拼凑起来的角色。”

因此，可以说“虚构”的能力，实际上包含“想象、联想”的能力,“分析、判断、综合”的能力以及“创造”的能力。

三、记叙文合理虚构的策略

1.“移花接木”

在真人真事的基础上改造、拼接、更换,将几个人的特点融于一个人,或将几件事的情节剪辑组合为一件事,或将发生在不同时段性质相同甚至相反的事剪辑到一个相对集中的时间内,使人物与事件更具典型性。

托尔斯泰在谈到创作时说:“假如直接根据一个什么真人来描写,结果根本成不了典型,只能得出某个个别的、例外的、没有意思的东西。而我们需要做的恰恰是从一个人身上撷取他的主要特点,再加上我所观察过的其他人的特点,那么这才是典型的东西。”写作记叙文,可以将生活中的众多素材进行改造、拼接、合成,将多人特点融于一人之身,将几件事的情节剪辑组合为一件事,使人物与事件更具典型性,增强艺术感染力。如《祝福》中祥林嫂这一人物形象,就集中了遭受政权、夫权、族权、神权压迫的中国妇女的共性,“杂取种种人,合成一个”,使祥林嫂这一人物形象具有更为深广的社会历史内涵,成为一个浓缩的精华,艺术的典型。

2.“添枝加叶”

即将真人真事通过想象和联想加以改造更换,使之更有利于突出人物性格,表达主题,深刻地反映社会生活。真实的事件本身简单、平淡,或只是一个轮廓、梗概,可以此为基本框架,展开想象,补充细节,使人物形象血肉丰满,使事情具体、曲折、生动。《项链》就是这样的范例。一个简单的故事,经文学大师莫泊桑之手,演绎出“借项链、丢项链、赔项链、项链是假”等曲折跌宕的情节,对爱慕虚荣的行径进行了辛辣的讽刺,入木三分,催人警醒。倘若依照生活原型如实写来,无疑就大为逊色了。

通过“添枝加叶”,会使生活之树婆娑繁茂、摇曳多姿,但这首先要在原故事的基础上展开想象,这种想象要求根据原来的故事并结合自身生活体验去填补材料的空白之处。其次要精心选择、构造典型细节表现人物,或准确捕捉事物特征写景状物。另外,添枝加叶应该是在原材料的主干上丰富细节、展现形象,切忌离开材料节外生枝地喧宾夺主,从而导致偏题离题。

3.“穿越时空”

岁月一去不复返，古代发生的事情，令人无法耳闻目睹。超越时空的界限，突破现实生活的限制进行虚构，在原有故事的基础上展开合理的想象，补充细节，使情节更为具体、曲折、生动，展示世间百态。

如2015年湖北卷高考满分作文《时光之书》，文章跨越时空界限，驰骋想象，让年少的“我”与成年的“我”互通书信，从成人（三十几岁的“我”）的视角看少年（十五岁的“我”）的行为，抒写了对父母、老师、同学的“感恩”之情。如此构思，既使文章新颖独特，令人耳目一新，吸人眼球，又增强了文章的说服力，给读者留下深刻的印象。

4. 故事新编或寓言童话

古代流传下来的各类人物、故事也是写作丰富的资源。作文时，我们不妨穿越时空的隧道，展开想象的翅膀，合理演绎故事，与古人甚至动植物进行心灵的虚拟对话。可以将思维的触角延伸到中外文学名著或历史传说、神话、寓言故事中，以一个全新的视角，对其中的故事、人物予以加工、演绎和包装，即进行再创作，从而对话题的内涵作出独特而传神的诠释，反映社会现实生活，以收到古今映衬、虚实相生的艺术效果。它既让文章有一种历史文化的底蕴，又能紧扣现实生活，表现时代特点；既翻了花样，出了新意，又幽默风趣、神思飞扬。

如高考满分作文《赤兔之死》，作者以赤兔马为触点，联想到与之相关的吕布、董卓、关羽等人物，叙写赤兔马为诚信而殒命的感人故事，想象丰富。再如高考满分作文《仰望星空与脚踏实地——致墨子的一封信》，作者回首历史穿越时空，与墨子展开心灵的虚拟对话：我一眼望到了你。你并未选择归隐，也不愿去与诸子整日无谓地论战。你只是奔波在华夏大地上，以行者的姿态现于人间，奔走疾呼，救百姓于水火，解万民之忧苦……这类构思方式自然属于虚构，作者通过虚构激活写作动力，丰富了写作内容，给人一种耳目一新的感受。

四、虚构应注意的几个问题

虚构应该是"真实"的虚构，在写作记叙文需要虚构时，我们需要注意以下几点。

1. 防止有悖常识，出现低级错误

有些同学在平时生活中不注意观察，对一些事理解不深刻，虚构时犯了常识性错误。这种情况不仅不能为文章增色，反而使文章显得低级、幼稚。

2. 防止不合逻辑，情节虚假失真

虚构必须以自己熟悉的生活、以一定的生活体验为基础，合情合理地提炼、概括生活。来源于生活又高于生活是虚构的魅力所在。记叙文在叙事时要交代清楚事情的起因、经过、结果，对于事件中的人物，应保证人物言行有据可依，符合人物形象的内在逻辑。有些同学为了使自己的作文显得“高大上”，往往虚构一些惊天动地的“大事件”“大场面”，前后的逻辑关联不合情理。

如写“教师很关心学生”主题的作文。一篇习作中有这么一段描述：有一天上课时，我突然生病发烧了，此时我额头冒出豆大的汗珠。某某老师发现了，连忙走过来，摸摸我滚烫的额头，二话没说，连忙把我背到诊所去……从这些描述中，一眼就能看出来文章是虚假的。一个老师，怎么能扔下几十个学生，把“我”往诊所送呢？这明显是远离生活逻辑的“虚构”。

3. 防止立意低下，文章格调不高

虚构要为文章的主旨服务，传递正能量，展示真善美。

比如有一位学生创作了一篇关于“成长”的作文。事件是没有做过饭的她，因妈妈有事要离开几天，要求她照顾做工的爸爸和哥哥的饮食，好强的她应承这一任务。然而事情并不是自己想象的那样简单，先是不会用刀把手指切破，几天下来炒菜时咸淡拿捏不准引来了哥哥喋喋不休的数落，以及爸爸的冷脸。妈妈回来后也因她没有照顾好爸爸和哥哥而责骂了她。而她自己也委屈多多。这个事件的确很真实，但给读者传递的是生活中生冷的一面，这不是文学作品的价值追求。好的作品从主流上来说应该传递温暖，播撒真善美的种子，净化心灵，美化世界。后来她把情节稍作了虚构，把爸爸和哥哥的态度虚构成了哥哥边吃边咂舌，赞不绝口，爸爸吃着她做的菜夸她长大了，但当她把菜喂到嘴里时，却难以下咽，她流下了幸福的眼泪。之后几天，在爸爸和哥哥的赞誉声中，她查资料学习烧菜，技艺大有长进。所表达的中心也从信守承诺，改为学会宽容。

五、升格作文示例

阅读下面的文字，按要求作文。

也许你曾经因为陌生人的一不小心而怒火中烧，破口大骂……生活之中存在着太多的误会与鲁莽，我们需要相互理解。

阅读上述材料，你有何感悟？请结合自己的生活体验，写一篇记叙文。

人生需要理解

四月的阳光，暖暖地照着大地。校园里的玉兰花开得正好。朦胧中，她想起了去年那个同样开满玉兰花的季节以及那些玉兰花……（开篇欲以景物描写引出对往事的回忆，但是犯了常识性错误。玉兰花一般开于早春或盛夏，四月并不是花期。低级的常识性错误，使文章可信度大大降低）

她曾有个好友叫玉兰，她俩总是形影不离。每当校园里的玉兰花盛开的时候，她们总爱坐在花下谈心、读书。

“昨天老师说的保送上本校高中可免学费的事，你想过争取一下吗？”一次聊天时，玉兰突然问她。

“当然想过！能被保送当然好，但若是不行也没关系，我会凭实力考上。”她回答后沉默了。玉兰突然握住她的手说：“你放心，虽然咱俩都是贫困生，但是我一定不和你争！一旦得到保送，你就能减轻家里不少负担，多好呀！”她的眼睛里闪着光，亮晶晶的，就像玉兰花瓣上的露珠，晶莹透亮。

她感谢玉兰对她的理解，高兴得把玉兰抱起来，旋转了几圈，不禁感叹道：“人的一生中可能会遇到许多朋友，但真正能与你患难与共的又有几个呢？”此时，她真庆幸自己拥有这样一个好朋友。（叙述与朋友玉兰平时的交往，交代背景）

一星期后，保送的名单公布了，玉兰榜上有名，她却落选了。她低着头，挤出看榜的人群，沮丧顿时翻江倒海地涌上来。虽然自己也说过“凭实力考上”的话，可骨子里还是对保送寄予十二分的希望。本以为自己理当入选，可谁知……她急切地想离开这个喧哗的场所，可几句小声的嘀咕飘入她的耳朵。

“知道吗？玉兰怎么会上榜？还不是因为她爸爸给学校送了大礼！你没见前一阵校长总找她。”

这些话像炸雷，让她大脑里一片空白，一动不动地愣在那里。原来她最好的朋友骗了她！她难过，伤心，可更气愤。玉兰的眼睛是那样清澈透明，怎会有一丝邪念？玉兰的声音是那样温柔，怎能说如此谎言？她气冲冲地跑到玉兰面前，指责玉兰的欺骗。虽然玉兰极力辩解，说自己并没有“走后门”求保送，但是她无法再相信玉兰。她大声质问玉兰：“你说你是清白的，你用什么来证明？”玉兰一愣，没再说话，默默地走开了。（此处掀起事件的第一个高潮，原本亲密无间的朋友发生争执，但是个别情节不合情理。前文说玉兰和“她”都是贫困生，此部分却说玉兰上榜的原因是“送了大礼”，前后矛盾）

此后，她再也没有和玉兰说过一句话，好几次玉兰欲言又止，她都装作没看见。中考前的一个晚自习，玉兰不顾众人的目光，走到她座位旁，对她说：“我知道你因为保送的事情很生气，但是我真的没有‘走后门’，为了证明我的清白，我已经退学了。”说完，玉兰收拾书包离开了教室，只留下她愣在原地。

后来，玉兰真的没有再出现过。直到老师转交玉兰留给她的信时，她才得知事情的原委，原来事情根本不是她想象的那样。老师说，保送推荐人选是学校根据每次考试的成绩排名确定的。尽管玉兰多次找学校说明她比自己更需要这个名额，但根据推荐条件，学校最后还是推荐了玉兰。为了留住她这个朋友，消除两人之间的误会，玉兰不顾家人反对，自己退了学到外地打工。雪白的信纸上清晰地写着：你永远是我最好的朋友！（这两段掀起事件的第二个高潮，揭示玉兰上榜的真正原因，交代玉兰离开的原委，但依然存在情节不合理的问题。读书不是一件可以任性的事，玉兰为了证明自己的清白而选择退学的情节有些夸张。况且，玉兰的家人与学校也不可能由着孩子的性子随便任其退学。此处情节设计不合常理）

不知何时，起风了，地上的玉兰花被风吹得左摇右晃，散发出阵阵清香。她再一次陷入沉思：如果当初她能理智些，对玉兰多些理解，她们的故事是否会有另外的结局？（依然犯了常识性错误，玉兰花是开在树上枝头的，并不是长在地上的。落在地上的应该是花瓣）

评析：这篇文章虚构了一个关于友情的故事，记叙了“她”与朋友玉兰从产生误会到误会消除的一段生活经历，叙述顺畅，内容丰富，结构清晰。但是，文章存在一些不合理的地方，如出现常识性错误、情节不合逻辑等。同时，第三人称的使用也使得文章的真实性大大降低。其实，文章虚构没有错，但是我们一定要在“虚构”与“合理”之间找到一个平衡点。

这篇文章可以从以下几个方面进行修改：（1）修正

对玉兰花的描写，使之符合实际情况。(2) 为文中人物设置更加合理的背景，使情节更经得起推敲，前后文意连贯。(3) 重新设置故事情节，使之符合生活逻辑。(4) 可以变换人称，用第一人称行文增加文章的真实感。

升格文：

人生需要理解

初春的风，柔柔地吹进窗子，撩起我的发丝。空气中散发着淡淡的玉兰花香，虽不浓，但香不醉人人自醉。朦胧中，我又想起了去年那个同样开满玉兰花的季节以及那些玉兰花……(修改时令背景，对玉兰花的描写符合事实。更换人称，使文章显得“真实”)

我曾有个好友叫玉兰，我们整日形影不离。每当校园里玉兰花开的时候，我们总爱一起坐在花下谈心、读书。

“哎，昨天老师说的保送上本校高中可以免学费的事，你想过争取一下吗?”一次聊天时，玉兰突然问我。

“自然想过！能被保送当然好，但若是不行也没多大关系，我会凭实力考上。”说完，我陷入了沉思。玉兰家的条件不错，她应该不需要保送名额。可是我们俩成绩差不多，如果她真的和我争这个名额，我未必争得过她……正在我胡思乱想之际，玉兰突然握住我的手说：“你放心，我一定不和你争！你一旦被保送就能减轻家里不少负担，多好呀！”我紧紧地握住玉兰的手，庆幸自己拥有这样一个贴心的朋友。那一刻，周围的玉兰花带着淡淡的清香安静地绽放，像一个个娇羞的女孩，为我们的友谊作见证。玉兰的眼睛闪着光，亮晶晶的，就像玉兰花瓣上的露珠，晶莹透亮。（修改“贫困生”这一背景设置，交代玉兰家条件不错、我与玉兰竞争力相当等背景，为后文做铺垫，使文章情节发展更有逻辑性，同时增加“我”的心理描写）

一星期后，保送的名单公布了，玉兰榜上有名，我却落选了。我低着头，挤出看榜的人群，止不住的沮丧顿时翻江倒海地涌上来。虽然自己也说过“凭实力考上”的话，可骨子里还是对保送寄予十二分的希望，毕竟能为家里省下很大一笔开销啊！本以为自己理当入选，可谁知……我急切地想离开这个喧哗的场所，就在这时，几句小声的嘀咕飘入我的耳朵：“知道吗，玉兰为什么会上榜？还不是因为她爸爸当了大官！你没见前一阵校长总找她。”这些话就像炸雷，把我炸愣了。我最好的朋友竟然欺骗了我！我难过，伤心，可更气愤。她的眼睛是那样清澈透明，怎会有一丝邪念？她的声音是那样温柔，怎能扯如此谎言？为什么？我不明白！抬头望去，那枝头上美丽的玉兰花，只不过短短一周，竟变得那样狰狞，似乎也在嘲笑我，嘲笑我交友不慎，嘲笑我轻信他人。我别过脸去，泪水扑簌簌地掉下来。（将她爸爸给学校“送了大礼”修改为“她爸爸当了大官”，与前文她家条件不错相照应，符合逻辑。同时，借景抒情，通过对玉兰花的描写，表现“我”的愤怒，更好地照应了标题）

从那以后，我再也没有和玉兰说过一句话，好几次她对我欲言又止，我都装作没看见。转眼就要中考了，玉兰却突然转学了。她走得静悄悄的，同学们谁也不知道。直到老师转交给我她的信时，我才得知保送一事的原委。老师说，保送推荐人选是学校根据每次考试的成绩排名确定的。尽管玉兰多次找学校说明我更需要这个名额，但根据推荐条件，学校最后还是推荐了她。玉兰的父亲因工作调动需要去遥远的北方，因此举家跟随而去。雪白的信纸上，只有熟悉的寥寥一行字：你永远是我最好的朋友！（将“玉兰退学”这一情节改为转学，更贴近现实生活。合理的情节，使故事更“真实”可信）

如今,玉兰树下只剩我一个人。拾起一片洁白的花瓣,伴着红彤彤的落日,我又想起了那些已被澄清的有关玉兰的流言。在它的冲击下,我和玉兰的友谊就像娇弱的花骨朵,还未完全盛开就被风雨打落。如果当初我能理智些,慎重对待流言,对玉兰多些理解,我们的故事是否会有另外的结局?

花香还在飘溢,扑面的凉风似乎在对我说:人与人相交,贵在真诚理解,在流言袭来之时,要保持冷静,及时沟通,才不会被迷雾蒙住双眼。(融情于景,“玉兰树下”符合客观实际,很好地回扣主题。结尾的议论使文章主旨得到升华)

典型例文:

轮 回

张长城

我是一头牛,一头脚踏实地的老黄牛。

我的家境不是很好。木棍夹成的墙,茅草覆盖的屋顶,潮湿腌臜的地面,这就是我的卧室,真是名副其实的“陋室”啊!不过没关系,我家门前有一条小河,屋后几座青山，倒也算是个恬静的好去处。【展开联想，描写老黄牛的生活环境。】更重要的是，一年四季，我上班的时间很少，大多时间都是饱食终日，悠闲自乐。突然有一天，主人让我去耕地，而且一干就是两天。哎呀我的妈呀，我这老胳膊老腿的，好久没有出这么大的力。晚上躺在床上，浑身像散了架，辗转反侧，难以入眠。回想起以前走过的路，忍辱负重，默默无闻，吃的是草，挤的是奶，最终不还是“众生足食皆得饱，亏我羸病卧残阳”！前几天二黑从坡上滚下，被扒了皮，吃了肉，真让人心寒啊！罢罢罢，下辈子做只狗也比牛强！【第一次心理活动：做只狗。】

不久，我成了一只“看家狗”。听说主人是位什么“长”，家有三层小洋楼，出门不是宝马就是奔驰。我委身豪门，狗仗人势，好不威风！我又善于察言观色，摇尾乞怜，深得主子的欢心，不但餐餐有肉，我还有了自己的“安乐窝”：红毯铺地，白粉抹墙，竟然还通上了暖气，并且随时还可以在自己的浴池里洗个澡，真是天堂啊！【虚构“看家狗”的优厚待遇。】记得那个冬夜，月黑风高，主人酩酊大醉回到家里，就呼呼入睡了。我躺在“温床”上，那叫舒适啊，不知不觉就进入了梦乡。第二天早上一觉醒来，大祸临头了——主人家昨晚被盗，光现金就丢了上百万呀！我严重失职，主人翻脸无情，痛下杀手。我的后腿被打折，落荒而逃。从此，我成了一只丧家的残疾的落魄的靠吃屎度日的“流浪狗”。

人心叵测，世事难料啊！我下辈子一定做回人，做一个颐指气使、呼风唤雨的人，也让别人尝尝我的厉害！【第二次心理活动：做回人。】

多谢上天眷顾，我真的被打入了“人道”。经过多年打拼，我终于荣登书记的宝座，成为一个“人上人”，四方来贺，八面威风：吃的是熊掌天鹅肉，喝的是威士忌、人头马，坐的是保时捷、劳斯莱斯。灯红酒绿美人相伴，醉生梦死金钱如山。【想象“做人”的风光、体面。】仅是我分管的摩登大厦一项工程的承建，我腰包里就装进了200万——银子啊，白花花的银子，财源滚滚似流水，得来全不费工夫！没料到，好景不长，那个早已垂涎我这第一把交椅的家伙，一纸举报信将我推进了检察院。多亏“盟友”全力相救，我虽然丢了乌纱帽，却免受牢狱之苦，也算万幸了。我得感谢“盟友”，虽然我十分清楚他们不全是为了我！从此，我成了滚滚红尘中的一粒沙子，颠沛流离，随风飘落，饥寒交迫，苦度残年。

做人为什么这么难啊？我苦苦思索着。一个风雪之夜，我蜷缩在街头，不知何时，已经魂归西天。

“你下一世准备如何投胎?”阎王厉声发问，我不寒而栗。

“做狗太低贱，做人太辛苦，我想过不出力不流汗、衣来伸手饭来张口的生活。”【第三次心理活动：过不劳而食的生活。】

“那你就做猪去吧!”

感谢阎君，我真的做上了猪！一日三餐，主人殷勤伺候。吃饱了，晒晒太阳；晒暖了呼呼大睡。心宽体胖，还真不假。眼看着我一天天发福了，挺着将军肚，迈着八字步，何等的悠闲自在！【用想象的手法，表现“猪”养尊处优的生活。】不料，厄运突降，我突然被拉进屠宰场。被按在案板上，我的眼泪扑簌簌落下来，嘴里歇斯底里地哀号——

“来世还让我做一头牛吧，一头脚踏实地的牛!”

例文评析

本文采用虚构的手法，以老黄牛的三次转世为主线，以牛、狗、人、猪不同的视觉和观感为副线，多角度含蓄地描摹人生万象，揭示出复杂深刻的生活哲理。文章构思新颖，立意高远，意蕴丰富，读者在感叹之余，更多的是对人生的思考。作者成功运用虚构手法，充分展开想象，用一个充满离奇色彩的故事，把文章主题表现得淋漓尽致，又充满情趣，带给读者一种全新的视觉美感和心灵启迪，为文章增添亮点。

第七讲
写出人物的个性

训练目标

1. 了解写人记叙文的基本要素。

2. 学会运用多种描写方法使文章充实，人物鲜明。

训练过程

写人记叙文可分为写单个人、写两个人和写群体的。首先要确定写几个人、几件事。

高中记叙文要求的字数是800字，因此通常通过两三件事写一个人。几件事有详有略，段落之间可以互相补充。写两个人的文章通常都是为了体现两人之间的某种情谊或人物间的新型关系，这类文章写之前要弄清两人之间的联系和主次地位，考虑两个人物之间的相互映衬，相互影响。写群体要注意点面结合，个体人物的塑造也要形象生动，有典型性和代表性。

写人重在写出人物鲜明的个性。所谓人物的个性，是指一个人在思想、品质、行为、习惯等方面异于他人的特征。人和人有相同的地方，也有不同的地方。不管是外貌、动作、语言，还是性格，人和人总是有些地方相同或相似，有些地方不同。要想把人写活，关键的地方就是要写出这个人的特点来，写出这个人和其他人的区别来。人物的性格有温柔、野蛮、泼辣、阴险、稳重、幼稚、暴躁、内向、开朗、善良、风趣、幽默、洒脱等。不同时代不同阶层的人，或同一阶层但处于不同社会环境中和具有不同生活经历的人，其性格特征不会相同。不同性格特点的人对同一件事的看法和处理方法也不同。《红楼梦》中呼之欲出的各路人物倾倒了无数读者，尤其是王熙凤这个人物，书中对凤姐的描写极其鲜活、丰富、生动。红学前辈王昆仑在他的《红楼梦人物论》这本书中就曾写过“恨凤姐，骂凤姐，不见凤姐想凤姐”。所以，在记叙文的写作中，无论哪种状态下的“人物”都应当写出他的个性。只有这样，文章才能更好地表现主题，更有吸引力。

生活是写作的源泉，所以我们要善于观察、了解生活中各种不同的人。只有最终洞悉了描写对象的底里，明其所感，知其所知，才能将其写得跃然纸上。没有深厚的生活基础，想写出好的文章是不可想象的。观察之后要学会感受，感受生活的酸甜苦辣，感受人物的喜怒哀乐。了解人物的生活与情感，这些是写好人物的基础。

写活人物，关键是要进行生动形象的人物描写，包括肖像、语言、动作、心理以及细节描写、侧面描写等。

一、肖像描写以形写神

肖像描写是通过对人物的外在特征，如容貌、表情、声音、身材、服饰、姿态和风度等方面的描写来刻画人物的性格。因为一个人的容貌、体态、衣着、神情与他所处的社会地位、身份、文化修养、生活境遇、思想性格是分不开的。果戈理说："外形是理解人物的钥匙。"形神兼备的肖像描写有助于揭示人物的性格特征和内心世界，表现出时代的特征，结合故事情节的发展，还能显示人物的命运。

例如：

五年前的花白的头发，即今已经全白，全不像四十上下的人；脸上瘦削不堪，黄中带黑，而且消尽了先前悲哀的神色，仿佛是木刻似的；只有那眼珠间或一轮，还可以表示她是一个活物。她一手提着竹篮。内中一个破碗，空的；一手拄着一支比她更长的竹竿，下端开了裂：她分明已经纯乎是一个乞丐了。（鲁迅的《祝福》）

文章通过这段典型而又生动的肖像描写，写出了中国封建社会底层农村妇女的可悲命运，深刻地批判了封建礼教对农村妇女在生活上，特别是在精神上残酷的压迫和毒害。对人物性格的刻画起到了言简意赅的作用。

进行肖像描写有以下几种技巧：1. 通过简笔勾勒特征；2. 准确运用修辞手法；3. 一人可绘几幅肖像。

肖像描写要注意以下两点：

1. 不要面面俱到

肖像描写不是说把一个人，从眼睛写到鼻子，从鼻子写到嘴巴，从嘴巴写到耳朵，从耳朵写到头发，从脸写到身材。通常我们只是选取这个人的外表上一个最最鲜明的部分进行特写，比如鲁迅所说的“画眼睛”。“画眼睛”是肖像描写的关键。《祝福》中十四次写到祥林嫂的眼睛，而每一次眼神的变化，都透露出人物当时的心理和性格的变化。

2. 肖像描写切忌公式化、脸谱化

一般情况下,“人如其面”,然而人的内心与外貌并不总是一致的,外表漂亮不一定心灵美。通常外表和人物性格的反差可以给读者留下更深刻的印象。比如说:《牛虻》中的中年牛虻,就是瘸腿,面部丑陋,有刀伤痕,却坚毅、刚勇。而《红楼梦》中的王熙凤美丽俊俏,却心狠手辣。

二、语言描写片言显意

鲁迅先生指出:“人物语言的描写,能使读者由说话看出人来。”语言是思想的衣裳,作为心声的语言是人物个性的鲜明标志。人物的语言,是塑造人物形象的重要手段,是表达人物感情的工具,是展示人物性格的镜子,是袒露人物内心世界的窗户。

要达到这种境界需要做到以下两点:

1. 人物语言的描写要符合人物的年龄、经历、身份、文化教养等特点

司马迁《鸿门宴》:“旦日飨士卒,为击破沛公军!”—

句通过项羽言语透露出他霸气十足且十分自信的性格特征。同样在《鸿门宴》里："樊哙曰：'今日之事何如？'良曰：'甚急！今者项庄拔剑舞，其意常在沛公也。'哙曰：'此迫矣！臣请入，与之同命。'"通过谋臣与武士对话，寥寥几笔，就把他们的"忠心耿耿、豪爽勇敢、英武过人"的特征表现出来了。

2. 人物语言的描写，力求反映人物的特征

如孙犁《荷花淀》："女人没有说话，过了一会，她才说：'你走，我不拦你。家里怎么办？'"面对一贯积极向上，这次又第一个报了名要上前线的丈夫，女人一句话表明了自己的态度，表面是说家庭的重担将一个人挑，实则骤别的依恋油然而生。女人识大体，但对水生又稍有埋怨的复杂心理活动让人感动。人物语言使形象质朴鲜活，栩栩如生。

三、行动描写洞见性情

行动描写能显示人物的内心活动、处世态度、思想品质，可以反映人物心理变化的过程，表现人物的性格特征，有时候还能推动情节的发展。人物性格的社会特征

必须通过人与社会环境的社会关系体现，因此，行动描写对于塑造具有特定的社会属性与历史真实感的人物形象有重要意义。行动是人的社会行为，更是判断一个人思想性格的重要根据。

人物的行动描写要符合生活的本质，符合人物的性格发展的逻辑。可以选择具体的、富有特征的行动来显示人物的性格和心理活动。在描写人物行动的时候，应该注意人物行动的生动性和典型性。所谓生动性，指的是作者不仅要写出人物在做什么，而且要写出他怎样做。所谓典型性，则指的是作者要写出人物为什么这样做，而不那样做。

再如鲁迅《药》："'喂！一手交钱，一手交货！'一个浑身黑色的人，站在老栓面前，眼光正像两把刀，刺得老栓缩小了一半。那人一只大手，向他摊着；一只手却撮着一个鲜红的馒头，那红的还一点一点的往下滴。老栓慌忙摸出洋钱，抖抖地想交给他，却又不敢去接他的东西。那人便焦急起来，嚷道：'怕什么？怎的不拿！'老栓还踌躇着；黑的人便抢过灯笼，一把扯下纸罩，裹了馒头，塞与老栓，一手抓过洋钱，捏一捏，转身去了……"这一段通过行动描写让我们清楚地看到了华老栓胆怯、麻木、和善的神态，康大叔凶顽横暴、贪婪的嘴脸。这就把刽子手和华老栓的动作摹写得生动、亲切，让人一见难忘。

四、心理描写丰富形象

人物的内心世界是很丰富的，心理描写就是要充分揭示出人物内心的喜、怒、哀、乐、爱慕、思念、苦闷、痛苦、怨恨、惊恐、嫉妒等等。心理描写可以把人物在特定情景中的体验、感受、愿望、动机和复杂的思想感情细致入微地传达出来，还可以透露人物的心灵变幻，刻画人物的性格特征和揭示人物的身份境遇，交代人际关系及情节发展趋向，反映生活本质，突出作品主题等。常见的心理描写方式有内心独白、思忆联想、梦境幻觉等。

如鲁迅《阿 Q 正传》中"我的儿子会阔得多啦"；他分明被人家痛打了一顿，却偏偏自嘲解痛，"我总算被儿子打了，现在的世界真不像样，儿子打老子……"通过心理描写刻画出他分明穷困潦倒，却还生活在幻想之中，揭示了人物的心理本质。

又如：走遍整个园子却怎么也想不通：母亲为什么就

不能再多活两年？为什么在她儿子就快要碰撞开一条路的时候，她却忽然熬不住了？莫非她来此世上只是为了替儿子担忧，却不该分享我的一点点快乐？她匆匆离我去时才只有四十九岁呀！（史铁生《我与地坛》）

在生命最灿烂的季节，他双腿残废；当辉煌的成功就要走近他的时刻，他至爱的母亲却永远地合上了疲惫的双眼。史铁生用这段心理独白写出了自己的痛苦和感悟。

心理描写要使人物的心理活动同特定的人物形象吻合，使之个性化和特征化，使读者能够产生生动鲜明的印象。心理活动常常是现实生活中的矛盾冲突在人的心灵中的反映，直接揭示人物的内心隐秘和心灵冲突，切忌简单化、程式化。熟悉生活，熟悉所描写的人物，掌握人物内心活动的规律，是对人物进行心理描写的前提。要防止脱离客观依据，离开特定的环境和人物的性格逻辑，而随意主观臆造。

当然，不是每篇文章都适合出现心理活动的，只有特定的人物在特定的环境中才会产生心理活动。此外，还要努力写出人物细微的感情波澜和复杂的心理变化过程。

五、环境描写衬托人物

人总是生活在一定的社会环境中的，人物的个性的形成与他所处的环境有关，写好环境对表现人物的性格极为有用。作品中的环境描写，不论是社会环境或自然环境，都不是可有可无的装饰品，而是密切地联系着人物的思想行动。环境描写包括自然环境描写和社会环境描写两大方面。

1. 自然环境描写：又称景物描写，可以衬托人物心情，点明时令、地点，表现人物性格。景物描写应该注意以下几点：(1) 抓住景物特征描写；(2) 选好写景的角度；(3) 渗透人物的感情；(4) 可以采用对比方法写景。如《祝福》的开头与结尾写祝福时的景色气氛，以乐景反衬祥林嫂的悲剧，更增强了作品对旧社会的批判力量。此外，自然景色可以暗喻某种社会环境，如高尔基的《海燕》，茅盾的《雷雨前》等。

2. 社会环境描写：从狭义上说，社会环境是指人物活动的处所、背景、氛围等；而从广义上说，是指一定的历史时期的社会生活、人际关系的总和。

社会环境描写应该注意几点：(1) 必须具有鲜明的时代色彩。我们所处的时代常常塑造出不同的人物形象，比如很多典型的世纪新人、新新人类，都是在特定的时代背景中产生的。(2) 必须具有鲜明的地方特点。鲁迅在写《祝福》时，用了大量的笔墨来描写鲁镇的风情，给人留下了深刻的印象。

六、侧面描写烘云托月

侧面描写既可以用其他人物衬托描写对象，也可以通过景物烘托描写对象。侧面描写是对正面描写的有益补充，往往比正面描写更机智，它以较经济的笔墨表现所描写的对象，激活了人们的想象力。好的侧面描写往往能起到烘云托月、锦上添花的作用，收到强烈的艺术效果。如《陌上桑》中描写采桑女罗敷美貌到极点："行者见罗敷，下担捋髭须。少年见罗敷，脱帽著帩头。耕者忘其犁，锄者忘其锄。来归相怨怒，但坐观罗敷。"诗中通过旁观者见到罗敷时的神态举止来表现罗敷的美：过路人看到她，脱下帽子戴上帩头，想引起她的注意；耕地的人忘记了身边的犁，锄地的人也忘记了手中的锄……各种人都因罗敷而神魂颠倒，你想罗敷有多美！这里不直接写罗敷美的形象，而从侧面去写美的效果，引导读者凭借自己的想象去“再创造”一个罗敷。如果正面刻画，就不够含蓄，不能留给读者更多的想象余地。真可谓是“不着一字，尽得风流”，收到了正面描写达不到的艺术效果。

此外，还应重视细节描写，前面已专门讲过。

典型例文

靠过来，我们相互取暖

朱成玉

那个冬天格外寒冷，世界仿佛都被冻僵了。

邻居是个租户，一个离婚男人，带着儿子一起过。男人没有文化，只能扛着个大板锹去蹲站点卖苦力。

男人没钱买煤，只好上后山去砍柴烧。下了大雪，很难找到干柴，他就扛了些很粗的树根回去。满屋子只有炕头一巴掌大的地方是热的。孩子就坐在那一巴掌大的地方，摆弄他自己最喜欢的玩具。那些大小不一样的积木，都是别人不要的，他一个个积攒下来，他说要盖一个不用在屋子里戴帽子的很暖和的大房子。

母亲心软，总想找借口接济一下他们，可是男人却从来不肯接受我们家的施舍。天气冷，母亲让孩子在我们家住下，孩子不肯，他说要回去给爸爸暖被窝，“爸爸一个人住，被窝里会很冷的。”

半夜的时候，父亲说：“好像有人在偷我们家的煤。”就提着手电要出去查看。母亲把父亲拽了回来，说：“让他烧点吧。一定是三九天，冷得受不了，怪可怜的！”

第二天，母亲果然看到煤堆上少了些煤块，但不是很明显，应该是很少的几块。男人经过的时候，就有了些很不自在的感觉，匆匆打了声招呼就从母亲身边溜了过去。母亲叹了口气，把煤堆仔细翻了一遍，把一些大大小小的煤块都放到了上面，她想这样更适合他来“偷”。

果然，一连几个夜里，男人都过来偷煤。本来我们一直是住东屋的，母亲偏偏让我们搬到西屋来住。为此，父亲专门搭了一个炉子，把西屋烧得很热。对于我们的不明白，母亲解释说：“这样我们与隔壁的这面墙就会暖些，多少也会让那边少些寒气。”

三十晚上，父亲对男人说：“过来一起吃年夜饭吧，陪老哥喝点酒。”拗不过父母的一再相劝，男人就和孩子过来了，不忘端着他做的那盘刀鱼。喝了些酒之后，男人就有些醉意，很不男人地流了眼泪，开始向我们忏悔他“偷煤”的行为。

父亲说：“冬天总是要烧些煤的，你那个屋子墙皮薄，只有煤的热量才能抵得住那些冷气。大人倒好说，总不能把孩子冻坏了。要烧煤就过来撮，这个冬天太冷，咱们一起挨，总会挨过去的。”

一块煤到底有多高的热量，男人心里清清楚楚。它们不仅暖和了那一个冬天，还暖和了一颗僵硬的心。就像这刚刚喝下去的烈酒，在心底火烧火燎的，把整颗心都点着了。

例文评析

文章通过对人物语言、神态、动作、细节等描写生动地展示了一幅幅感人的人间温情图。母亲心地善良，接济穷人，把大的煤块儿都放到了上面，保护邻家孩子的自尊不受伤害，为了帮助隔壁邻居取暖让我们换屋子住等细节，无不令人感动。此外，父亲的善良、邻居的朴实，都让读者感到人与人之间的可贵的真情。

第八讲

记叙文中的细节描写

训练目标

1. 了解记叙文写作中细节描写的重要性。
2. 掌握记叙文细节描写的方法及注意点。

训练过程

一、细节描写的意义

细节描写，是对人物动作、语言、神态、心理、外貌以及自然景观、场面气氛等细小环节或情节的描写。

高尔基曾说，细节描写是隐藏在文字间的魔术。列夫·托尔斯泰说:“艺术起于至微。”“至微”就是细节。细节是文章的灵魂,是表情达意的关键,是打开读者心扉的钥匙,是形成富于特征性的形象的重要条件,是克服概念化倾向的不可忽视的和必须注意的环节。细节是艺术的生命和细胞,在刻画人物性格、塑造人物形象、衔接故事情节、丰富作品内涵等方面具有重要作用。在记叙文写作中,通过真实生动的细节描写,使记叙从肤浅走向深刻,从枯燥走向生动,从平淡走向感人。它是最生动、最有表现力的手法,传神的细节往往用极精彩的笔墨将人物的真善美和假恶丑和盘托出,让读者欣赏评价。

一篇文章如果只有故事情节而缺少惟妙惟肖的细节,就只剩下一个干巴巴的轮廓,如同一个人只有骨架而无血肉,毫无美感可言。没有细节的历史是苍白的,没有细节的作文是很难打动人的。一篇以描写与刻画、记叙与重塑为主体方式的记叙文,必须尽量用细节来说话。所以说,细节虽小,作用却大。一个小小的细节往往能代替千言万语。

请看江苏高考记叙文阅卷的标准:记叙文一类卷要求有巧妙而机智的构思,有生动传神的细节,有浓郁而清新的文采,故事有真实感和亲切感;二类卷要求有构思,有细节，有文采，故事真实，富有生活气息。

对照这个标准，不难看出，“细节”是衡量一篇记叙文水平高低的重要标准。

二、常见的几种细节描写

1. 肖像细节描写，即对人物肖像进行细节描写。

2. 语言细节描写，即对人物的某一典型语言进行描写。

3. 行动细节描写，即对人物的典型行动进行深入细致的描写。

4. 心理活动细节描写，即对人物的心理活动进行细致的描写。

5. 表情变化细节描写，即对人物表情的变化过程进行细致的描绘。

6. 服饰细节描写，即对人物的衣着进行仔细的描写。

7. 事物细节描写，即对某一事物的发展变化过程进行细致的描写。

三、精彩的细节哪里来

1. 仔细观察生活

细节刻画是对生活瞬间的定格，仔细观察生活，才能遴选自己熟悉的典型细节。也只有独特的观察，才会发现真实、新颖的细节。

下面是一位同学的精彩片段：

一个老先生正专心致志地扎着风筝，只见老先生用虎钳把已挑好的有弹性的嫩竹，剪成四段，再搭好并用小钉子钉牢，做成一个立体的骨架。他又娴熟地裁了一块白色纸片，用铁丝将其四角扎在框架的四个角上，并仔细糊好。接下来，就是涂釉色了，这是赋予风筝以生命的关键工序。他用蝇头毛笔蘸上彩墨，一片晕染间尽是生花之处，点睛之笔。色块分布均匀有致。最后他用新釉勾勒出最后的线条，笔锋过处，尽是余香与韵味，不到半天，一只惟妙惟肖的沙燕风筝就做好了。(《绽放生命中的精彩》)

很显然作者对扎风筝的流程要非常熟悉，才可能写得这么到位。如何筛选、捕捉合适的细节呢，除了在生活中要做有心人外，还应该多品味优秀的文学作品，从中汲取营养。

2. 重视阅读积累

我们大概有这样的体会，曾经阅读过的作品中的精彩细节时时会浮现在脑海。因此，要关注阅读材料中的细节描写范例。

鲁迅在《祝福》中三次刻画祥林嫂的外貌，表明祥林嫂的境遇一次不如一次。三次描写突出了眼神的细节，概括了祥林嫂一生的不幸，揭示了封建制度和封建礼教对以祥林嫂为代表的劳动妇女的迫害和摧残。三次同中有异的外貌描写对反封建的主题起到了见微知著、画龙点睛的作用。

我们要在观察和阅读中建立自己的“细节库”。具体写作中进行细节描写时还需要提炼，要从众多的细节中尽力找出最富有特征、最有张力的那个部分。提炼得当的细节有时候看起来再平常不过，却能感人至深，而且愈是回味，愈是醇厚。归有光的经典散文《项脊轩志》中写母亲说的话：儿寒乎？欲食乎？这两个句子多么平实，甚至平淡！看似随手拈来，实则经过提炼。所以，就是这样普通的句子却能引起无数人的共鸣。母亲对婴幼儿的关怀首先想到的，也是最重要的，不就是关心其“冷热”与“饥饱”吗？如果离开了这份平凡与平淡，反而违背了生活常识。所以，提炼绝不是为了追求“高大上”，而首先是求“真”。当然，有时候可能会艺术化一点，比如小说中的有些细节描写，但也决不可违背艺术真实。

3. 放慢叙事节奏，展开想象和联想，丰富细节

采用“慢镜头”的方法来叙事，合理展开想象和联想，对动作过程进行了细细地分解，才能写出动人的细节。

文坛大师们往往是放慢叙事节奏的高手，我们可以看一下朱自清《背影》中父亲攀爬月台的片段：“他用两手攀着上面，两脚再向上缩，他的身子向左微倾，显出努力的样子。这时我看见他的背影，我的泪很快地流下来了。”若是正常情况下，可能我们一句话就打发了——父亲翻过了月台，仅此而已。但果真这样，这篇文章还能打动人吗？文中对父亲爬月台时吃力的样子所进行的动作描写，攀、缩、倾等一系列动词突出了父亲虽然承受着家庭的变故和自己歇业的双重心理负担，但还是给予了我无私的爱，这种爱入微深沉，读来让每个读者感动不已。

慢镜回放细叙过程，拉长心理时长，将环境、人物的神态、动作变化、语言慢写细描。请看鲁迅的《阿 Q 正

传》中有一段阿Q刑前画押的细节描写:"要画圆圈了,那手捏着笔只是抖,于是那人将纸铺在地上,阿Q伏下去,使尽平生的力画圆圈。他生怕被人笑话,立志要画得圆,但这可恶的笔不但很沈重,并且不听话,刚刚一抖一抖的几乎合缝,却又向外一耸,成了瓜子模样了。"这个行为环节,具体、形象、生动地反映了阿Q的性格特点——直到死还恪守着自欺欺人的"精神胜利法"。当人们读到这一环节的细节描写时,谁能不觉得阿Q的可笑、可悲、可怜?谁不会对他产生"哀其不幸,怒其不争"的心理?谁不会进一步深思国民的劣根性?

请看一位同学是如何运用想象,恰当地添加动作、表情、神态、语言、心理等将"父亲来送伞"这句话的内容充实起来的:父亲又斥责我学习不用心,我愤怒地甩门而出,奔到了常去的公园。可不久我就后悔了,天空一个炸雷,随即大雨如注……空中的雨如脱缰的野马没有停下的意思(添加环境)/父亲那洪亮又亲切的声音在耳边响起:"儿子,伞。"(添加语言)/说话间父亲抓住伞柄,伞头朝向天空,另一只手用力一撑,厚实而宽大的保护伞便在我的头顶张开。(添加动作)/大概是在雨中久待的缘故,父亲面色略显苍白,前额的头发被雨水打湿粘在脸

上。(添加神态)/我紧紧地偎在父亲怀里,心想:雨啊,随便你下吧,我不怕。(添加心理)

4. 多角度渲染

对同一细节,可以从不同角度、多个层面来加以渲染。

比如一位同学,是这样写一位盲人乐师的:

小区街道的一角。一位盲人坐在靠背椅上,身穿洗得落色的衣服。生活于他是坎坷和艰辛,他的脸上见证了曾经的风吹雨打,那深深的皱纹似沟壑纵横的黄土高原,岁月留下了跋涉的痕迹。他戴着一副墨镜,夕阳照在他古铜色的脸上,黝黑的皮肤泛出一抹光辉。倘若他坐在那里纹丝不动,那就简直是一尊铜像了。……他纵情地唱着,不时仰头高呼,歌声高亢嘹亮,声音中带着些许沙哑,更增加了沧桑感,厚重感。他似处于忘我状态,没有了世间的喧嚣,没有了光与影的诱惑,他好似在讲述一段故事,一个动人心魄的故事,一个只属于他的故事。

这一段充分调动了自己的感官,从视觉、听觉来精描细绘人物的外貌和声音,并展开丰富的联想,所以才写得生动逼真感人。

5. 巧妙运用修辞

当语言上直接描述感觉有些不够用，太苍白无力时，巧妙运用修辞手法，可以弥补这方面的不足。请看一位同学笔下的农民形象：

暖风吹拂着大地，亲吻着田间的麦子，于是麦子便娇羞地低下了头。金风吹拂，麦子黄了，空气中弥漫着阵阵芳香，你于是拿起镰刀，向那片金色中走去。麦芒刺到了你的手，你却只是轻轻地将它拂去，汗水浸湿了你的脸，你也只是匆匆将它擦去。麦田里，你弯成了一张弓，弓的两端，挑着你最美的愿望。

作者巧妙运用了拟人、比喻的手法，生动形象地写出了农家收割作物时的景象。

四、记叙文中运用细节描写的注意事项

1. 细节刻画要为表现主旨服务

俄国美学家车尔尼雪夫斯基曾说：无论一个细节（场景、性格、动作）多么奥妙美丽，假若它不是为了更完美地表现作品的主题，它对作品的艺术性就是有害的。记叙文的细节都是对文章内涵的丰富，都是对主题思想的拓

展与深化，我们在勾勒雕琢细节的时候，一定要处理好其与文章内涵之间的关系。

其实，在细节为文章内涵服务方面，许多经典作品给了我们很好的启迪：阿Q抚摸小尼姑的暧昧，让我们印象深刻且忍俊不禁——批判了阿Q内心龌龊的劣根性；严监生临死前竖起两根手指头的用意，令我们记忆犹新且叹为观止——讽刺了严监生爱财吝啬的本质；《雷雨》中周冲打网球时的单纯，叫我们眼前一亮且温馨羡慕——反讽了这个资本家家庭复杂无比的阴暗……这些活灵活现的细节刻画丰富了作品的内涵。

2. 细节要给人真实的感觉

所谓真实，是说细节描写必须入情入理，符合艺术真实和生活逻辑，能够精确而又形象地反映现实生活中的人和事的特征，提炼加工要合情合理。要尊重事实，合理表达，还原生活真实，让事件的发展符合本身的逻辑，所刻画的人物要在肖像、言行、心理等方面与之相配，要让自己的语言表达合乎常理。

3. 细节要高度个性化

一般来说，写什么细节比怎么写更重要。高度个性化的细节应是新颖的。世界上没有任何两片相同的树叶,同样,细节也忌讳雷同。比如,描写人的外貌,有助于刻画每个人物的个性的细节才是好细节。如果写眼睛都是“炯炯有神”,写妈妈的手都是“枯树皮一般”“布满老茧”等陈词滥调,这些细节已经失真,自然也失去其应有的艺术力量。

此外,同一精彩的细节可以在文中反复出现几次,能收到照应、强化、深化的作用。

典型例文:

围 观

一考生

正值七月,烈日炎炎,偶有一丝热风,却也掺杂着阵阵热气。村长办公室旁的布告栏前挤满了村民,有看村里最近安排的,也有看今日新闻的,更多的则是什么都不看凑热闹的。众人边看边议论,好不热闹。一旁大树上的夏蝉不知疲惫地大叫着,颇有与村民们比嗓门的意思。

站在左边最角落的人突然大叫了一声:“这是谁写的字啊?!”原本三三两两、懒懒散散的村民们都聚在了一起,争先恐后地往布告栏左下侧角落张望。可不是,还真有人把字贴在了布告栏里。这字写得不差，却也算不上什么好字，工整是工整，但软软的没多少风骨。

大伙儿像是被噤了声，突然安静了下来，树上蝉儿的声音好像大了几倍，更加欢快了。

“这字，谁写的？”趁着蝉儿歇嘴的工夫，有人小心翼翼地问了一句。“我觉得像是新村长的，不然谁会把这字贴在这儿啊？”仿佛被道出了心声，大家又突然大声地说起了自己的看法。其中一老先生甚至拍手称好起来：“瞧这字，笔锋犀利，颇有古风啊！”随即就有人附和道：“是啊，这‘两袖清风’四字，说的不就是咱村长大人吗！”“没错没错，都说字如其人，这字好，就说明这新村长一定是个好村长啊！”“可不是吗！虽然咱新村长刚上任不久，但看这字就知道以后一定有所作为啊！”布告栏前一下子又热闹起来，大家抢赞着新村长的字，又争夸着新村长人，越说越大声，越说越起劲了！他们夸得面红耳赤，还不时地向着村长办公室张望着。

“知了……知了……”树上的夏蝉不知是否没了力气，这会儿竟听不见它的声响了。

“叔叔阿姨，你们在做什么，怎么都围在这里啊？”没把村长盼来，来的却是门口保安小张的小儿子。热火朝天的村民们似乎是没听到这疑问，继续大肆夸奖这新村长那屈指可数、寥寥无几的“丰功伟绩”。男孩见没人搭理自己，便钻进了人群，伸手将那写着“两袖清风”的字撕了下来。

又是一阵死一般的沉默后，人群中的那位老先生大喝道：“小家伙！快把村长的墨宝放下！”男孩似乎受了惊吓，撇了撇嘴：“这不是村长的，是我写的！”“呵，真是可笑。”老先生不耐烦地推了推眼镜，“小孩子家家的哪懂什么叫‘两袖清风’，放下放下！”男孩真的被吓到了，略带哭腔地解释道：“真的是我写的！我以为‘两袖清风’是凉快的意思，我想你们在太阳下看公告一定很热，我想让你们凉快一下嘛！”

“知了……知了……”蝉儿仿佛是休息够了，重新铆足了劲儿鸣叫。树下，则是一群张大了嘴巴，面面相觑的村民，不知所措地干笑着。

围观者散了，布告栏前只剩下那不知疲惫的蝉，“知了……知了……”地欢叫着……

例文评析

《围观》这篇作文细节描写是很具典型意义的。文中细致传神的细节凸显了人物鲜明的个性。如“有人小心翼翼地问了一句。”“大家抢赞着新村长的字，又争夸着新村长人，越说越大声，越说越起劲了！他们夸得面红耳赤，还不时地向村长办公室张望着。”这几处细节有神态、有语言、有动作，有对个体细致入微地刻画，也恰到好处地表现了群体的心理活动；既凸显了村民这个群体奴性、趋炎附势的可笑的个性特征，也推动了情节的发展。

对环境的细节描写使文章锦上添花。如：一旁大树上的夏蝉不知疲惫地大叫着，颇有与村民们比嗓门的意思。大伙儿像是被噤了声，突然安静了下来，树上蝉儿的声音好像大了几倍，更加欢快了。“知了……知了……”树上的夏蝉不知是否没了力气，这会儿竟听不见它的声响了。“知了……知了……”蝉儿仿佛是休息够了，重新铆足了劲儿大叫着。围观者散了，布告栏前只剩下那不知疲惫的蝉，“知了……知了……”地欢叫着……围观开始到围观结束，“夏蝉”的叫声或欢快或疲惫，或高或低，都紧密配合故事发展的脉络。围观者议论纷纷，蝉儿大叫；围观者安静，蝉儿欢快；围观者沸腾，蝉声不闻；围观者沉默，蝉儿欢叫。蝉声竟被人声盖过，可见围观者的兴奋；蝉儿未知未觉，围观者盲从无知，竟如蝉儿一般，人和蝉相映成趣，作者的讽刺批判也含蓄地表达到位，实在是匠心独运。

第九讲

记叙文意象的选用

训练目标

1. 认识记叙文写作中合理选用意象的重要性。

2. 掌握记叙文选用意象的方法及注意点。

训练过程

一、记叙文写作中意象选用的意义及大致分类

记叙文在整体上要有一个精巧的设计。构思精巧的方法很多，其中最耐看、最蕴藉的莫过于精心营造一个意象贯穿始终。

记叙文中巧妙设计意象好处很多。写人，固然需要绘言写形、正面描写，但塑造人物时通过意象描绘，巧为衬托，会让人物形象更为丰满，寄托的情感更为含蓄蕴藉。意象可以作为线索，贯穿全文，还可以揭示、升华主题。运用想象和联想选用意象，让意象融入作文，是拓宽写作思维，让文章更有深度和诗意的重要策略。

意象大致可以分为以下类型：

（一）生活类意象

生活中衣食住行所用之物，皆能承载情感，引发思考，成为记叙文的意象。如奶奶坐在漫天星斗下，为我驱赶蚊虫时手中轻轻摆动的蒲扇；如爷爷为难得回家的我，精心熬煮的鸡汤；如父亲走下车，在马路对面买的那一串“冰糖葫芦”；如老师手中，狠狠举起，又轻轻落下，打在我手心的鸡毛掸子……

细细观察生活，将生活中与情感密切相关的物件，提取出来，就是一个动人的意象。

例如：爷爷难得拉着吱呀的二胡，那老旧收音机里放着奶奶可以哼一曲的老调。日光被树叶分割得零落，飘零满地，倒成了一幅上好的剪纸影画。墙角的青花大猫眯着眼享受这闲适时光，稻草堆旁的孩子们有节奏地跳着房子。田地上是一望无际的绿色，一层层麦浪涌向天边，远方传来高高低低的犬吠声，耳边不时飘来姑娘们所吟诵的乡间俚曲。那样的日子，温柔而绵长。（《夜空中最亮的星》）

这一片段选用“二胡”“收音机”“麦浪”等意象，层层铺展，构成一幅安宁和缓的乡村生活图景，饱含着小作者对童年美好生活的追忆，不禁令人渴望让时光就此停留，放慢匆忙的脚步，享受这悠闲的生活。

（二）自然类意象

传统诗词中常常描摹一些景物，往往来自身边，来自自然界，它们也可以成为记叙文中的意象。例如，高悬在空中，担负着千万年愁思的明月；阴晴明暗，反映人心情的太阳；流不尽、逝不去，不断奔流的春水；绚丽多姿的花草树木、池鱼飞鸟等等。写作记叙文需要关注我们身边自然界的一草一木，日月星辰，江河湖海，这样才能让作文灵动和深刻。

例如：不记得从什么时候起，我注意到小山上的二月兰。这种野花开花大概也有大年小年之别的。碰到小年，只在小山前后稀疏地开上那么几片。遇到大年，则山前山后开成大片。二月兰仿佛发了狂。我们常讲什么什么花“怒放”，这个“怒”字用得真是无比地奇妙。二月兰一“怒”，仿佛从土地深处吸来一股原始力量，一定要把花开遍大千世界，紫气直冲云霄，连宇宙都仿佛变成紫色的了。（季羡林《二月兰》）

“二月兰”是作者情感的载体，作者通过“二月兰”把自己的情感集中、生动、充分地表达出来。“二月兰”也是行文的线索。复杂的记叙文通常是由相互联系的两个或者两个以上的事件组成，使用的素材相对复杂。而作品中的各个事件要联成一体，往往需要一条线索。这篇文章中“二月兰”就充当了这个作用。此外，“二月兰”也是作者联想的出发点。古人云“一花一世界，一叶一菩提”，大自然里，每一朵花、每一片叶都是有生命的，由“二月兰”的精神气质，触发联想，发觉生活中相似的人与事，抒写自己的认识，最终成就一篇好的文章。

二、如何选取记叙文的意象

1. 从自己的生活经历中寻找代表性事物，发现感人的意象。

2. 观察自然界，体悟自然，感知自然界万物的精神气质，发现与自己所想书写内容精神气质相贴近的意象。比如一棵苍老的树，或者一棵生长张扬的树，它们整个呈现的精神气质，是否会让你有所触动。天地有大美而不言，要细心观察，慧心撷取。

3. 从文化积淀中去选取意象。中国文化源远流长，许多事物都被赋予了特定的文化内涵，精神气质。如菊花是高洁的代表，柳树是惜别、思念的代表等等。

三、记叙文写作中如何运用意象

1. 可以贯穿全文，也可以局部使用

贯穿全文即从开头到结尾多次描写同一个意象。纪昀在《清艳堂诗序》中说："凡物色之感于外，与喜怒哀乐之动于中者，两相薄而发为歌咏。"当外在的某种客观形象与内在的主观情感相契合时，灵感便会喷薄而出，意象也就自然而成了。写作记叙文时，可全文设置一个与人物品格或故事内容相关的意象，以此承载起人物的情感，能使行文思路更清晰，文章更有内涵和文采。

比如我们初中读过的小说《老人与海》，"狮子"的意象贯穿于整部小说的始终。狮子为百兽之王，是勇敢、自信、坚强的象征。孤独贫困的老人屡遭厄运，从不灰心，总力图在狮子身上汲取力量，不断进取，与命运做不懈的抗争。“狮子”意象在作品中反复出现，有助于深化主题。

局部使用即在某一部分里用意象来烘托气氛、衬托人物、深化主旨。

2. 要对意象本体进行细致的描写

所选择的意象越具体，越有利于彰显个性。细化意象最好的方法是在所选取的意象前加修饰成分，让宽泛的意象变成独属于你的意象。如“灯”——“路灯”——“我家门前的路灯”——“我家门前准时在六点亮起的路灯”。另外，对意象要进行描写，不仅可以突出意象的作用，也可以使文字更细腻，表达作者的审美情趣、价值取向。

如：我只好陪她去报名。报名地点是一间练舞室。那天，她愣是被墙上那幅画给吸引住了。全幅暖人的橙色，中间一朵向日葵，正肆意开放，热情，奔放，似乎是在向别人宣告着什么；虽然根部有些发黄，却并未阻止她蓬勃向上。她仿佛在燃烧。

我妈的眼里竟有了少许泪光。我有些无措，“妈，这是梵高的名作《向日葵》，这是……”

话未说完，妈便喃喃应道："真是好画啊……"（《开放在夕阳中的"向日葵"》）

意象作为文章的切入口，在描写的时候，一定要抓住特征，着意描绘。调动我们的五官感受，从视、听、嗅、味、触觉的不同角度，对眼前景物进行描写。另外，可从心理、时间（过去、现在、未来）、空间（与同类事物或者其他事物的关系），展开合理的联想和想象。

3. 要对意象内涵进行挖掘

在中国的古典诗词中，很多意象都带有了特定内涵，具有一定的象征性，如"蓬草""沙鸥"往往象征了漂泊流离的生活状况，如"飘飘何所似，天地一沙鸥"。"短亭""长亭"往往代表的是思乡怀人的情愫，如"何处是归程，长亭更短亭"。写作时挖掘所用意象的内涵，可以烘托人物、深化主旨。

又如：爷爷拿出茶具，给众人默然地倒上一杯茶，依旧是沉默，没有话说。与这茶的沉之状态巧妙地融合在了一起，茶之芬芳，亦如深水般流过心灵，让那些刚才还说个不停的人感受到一股胜过言语的洪波。爷爷亦不语，眼神中透着坚定。

不禁想起《红楼梦》中的那个妙玉，出世而无言，是怎样的个性才能让她收集梅之露水，集五年而成一壶幽远的茶，这恐怕亦是简静，不善言辞却彰显生命的完美。(《语迟人贵，无言之道》)

又如：帷幕缓缓拉开，我和弟弟张大了嘴。舞台中央，一朵金色的“向日葵”优雅地舞动——是的！是梵高那幅《向日葵》里的向日葵！我看见，我看见化装成向日葵的我的母亲，在用她全部的热情和魅力，释放她那青春的、激情澎湃的、灼灼的光芒！(《开放在夕阳中的“向日葵”》)

以上加点部分的文字就进一步挖掘了意象的内涵。

四、记叙文写作中意象选用的注意点

1. 选择跟主题吻合、和文章风格统一的意象

意象的内涵指向至关重要，如果在作文中所用的意象跟文章所表达的情感不一致，主题不吻合，反而会适得其反。我们不能盲目地追求意象的美而忽略文章要表达的情感和主旨。写法上要凸显出意象与人物（可以是抒情者，也可以是抒情对象）内在品格上的相似点，但不要直说，要运用暗示。

同样是写落叶，根据抒发情感与文章主旨的不同，对树叶的描写要有不同的侧重点。

例如：一片静谧的落叶，躺在地上，她的身上还满带着岁月的忧伤。那黑色的斑点，是否是她曾观望过世界的眼睛，而如今却被秋风无情地吹落，那弯曲的叶缘，是她向时光献出舞蹈时，那飘飞的裙裾。

上文抓住“黑色的斑点”“弯曲的叶缘”，描写其对世界的深情和走向生命尽头的优雅姿态。

再如：叶面颜色很深，而叶背则很浅。叶面不自然地向上弯曲，是为了展现自己的奇特吗？不，这大概是想要冲破现实的束缚，极力地向上生长吧。它小巧，不像别的叶子那么肥大，即使是这样，它不甘于身体上的限制，怀着庞大的心灵向上冲刺。

上文抓住叶面向上弯曲、小巧的特点，写出了这片小叶子背后藏着的大灵魂。

2. 用一个意象可以贯穿全文最好，如果只出现在局部，最好伴随抒情的主要阶段

意象的介入一定要合情理，在写人叙事中自然出现，是叙事不可分割的一部分，切忌生硬塞入，游离于人物事件之外。最好有既出现人物又出现意象的场景描写。

典型例文：

朽叶的栀子花

小城深处有条老巷。明晃晃黄醺醺的光漫延一路，点亮了一个城市的古老温情。

相属的板车，彼伏的吆喝，一路的葱蒜，噼噼啪啪的煎油声，勾着所有途经的味蕾，而女人的店也在其中。

女人是卖锅贴的。煎到外酥里嫩，香气四溢，搁到蓝印花的小碟中，浇一层香醋，撒一圈葱花，待到轻咬一口，却是意料之外的香甜之感，隐隐间又有些青春独有的青涩。

在旁人眼里，女人不过是个有些瘦削的老太太，可我只想用“女人”这个含着少女的甜蜜和妇人的成熟的代称。女人爱美，每次见她，总是搽了脂粉抹了口红，似乎想留下青春的最后一点尾巴。女人爱笑，笑起来眼角会轻轻颤颤，不招不摇，温婉而妥帖。煎锅贴时，她总是打扮得一丝不苟，有点“盛装端热油”的味道，远远看去竟像是从《蒹葭》里走出的那位如水女子。

我迷惑于女人身上青春娇美端方的气息，沉迷于女人手下青涩而有些甜蜜的锅贴。恰巧，女人是我同学的祖母,一经询问,方知锅贴里藏着栀子和苹果混合的酱料。而女人原是那个十里洋场的大户之女,几经辗转方暂栖于这个闭塞的小城,操持着祖业依然优雅地活着。

一时间,我心中充溢着难以言说的震惊和恍然。震惊于加花酱的匠心,恍然于女人身上的不朽之气。一个会在锅贴里加花酱的女子,岂会敌不过时光的蹉跎?当岁月爬上她的鬓角,风霜侵蚀她的容颜,她依然爱着美,爱着生活,像年轻时一样雅致而细腻,如此,岂会老去?

时常去女人的小摊,站在一边我不语,女人亦不言。我呆呆看她熟练地翻煎,温婉地浅笑,不卑地招呼,沉溺于女人那一汪如碧水般的不朽之气里。夕阳西下,女人美得如一幅古仕女图。

我时常迷惑于青春与不朽。以为青春必是光洁明艳,不朽必是巍巍如高山之巅,仰不可攀。然而,看到女人身上混杂着与年龄不符的青春之气,我方有些体悟。有时候,心的柔软与细腻远胜过形貌。没有人活在保鲜膜中,没有人会永葆青春,但做一个心思细腻、热爱生活的人,时光永远会厚爱你几分;而如此,何尝不是另一种静水流深的不朽?

想起女人,就想起一枝搁在蓝印花碟中的带露栀子。

或许叶子有些许腐朽，但花瓣仍是一如既往的柔软。

例文评析

这篇文章的动人之处就是因为作者巧妙地运用了意象，在栀子花与老太太之间找到了某种情感和哲理上的契合。不仅意象选择很巧妙，而且用到构思中，一线串珠。文章先让栀子花迟迟不露面，直至第五段才正式露面。由微不足道却撩人味蕾的“花酱”自然而又巧妙地点出。点出后，“花酱”才引出作者对一个普通老太太的“巧心思”之惑，渐而揣摩到潜伏于老太太的一生让人叹服的“生活之道”。再看很有“豹尾”之力的文末，作者纵笔一跃，意象经提纯又升华为“一枝搁在蓝印花碟中的带露栀子”，很难说这一朵朽叶的栀子花是实际的，但是这样的如真似幻的“栀子花”实在有点睛之妙，既呼应了文题，又再度让一个深谙青春之道的老太太与一朵朽叶的栀子花彼此难分了。纵观短短的全文，或许会发现“栀子花”或“花酱”出现的次数并不多，但妙的是作者将意象埋入文字中，很多时候它隐而不出，却时时将文字的感情和气氛笼于其中。

“栀子花”不只是一个线索，作者还借助它传达出平常又素静的风调，让作品透着一份难得的恬静，这在喧哗的当下，显得尤其难得，有着润物无声的力量。读者品味“栀子花”，都会感到“青春”会眷顾世间这样的老太太，也相信“青春”是“不朽”的，永恒的。

第十讲
写景状物类记叙文的写作

训练目标

1. 了解写景状物类类文章的一般特点。

2. 掌握游记和托物言志类文章的一般写法。

训练过程

同学们可能看到过不少名山大川，领略过好多美丽风光。即使还没有出过远门，也会对自己家乡的壮丽景色有所感悟。其实，人生就是一次壮丽的旅程。或许你为理想而积极追求，或许你因学业而无暇旁顾，或许你因烦恼而意念颓然……可不管怎样，别忘了沿路有美丽的风光。在游览过程中，你一定有许多新鲜的发现，你一定有许多独特的感受，把它写下来，就是游记。

游记，顾名思义就是游览某一名胜、景点之后提笔成文，有所记录。自然，写作游记不仅是练笔，还可以怡情养性，培育美感，生成鲜活的思想，有时候也可以运用到应试作文中。

怎样写游记呢？

一、明确思想确立中心，依据中心决定材料

写作之前，首先要理一理自己的思绪，想一想本次游览的主要感受是什么，应明确文章所要表达的思想，确定文章中心。或抒发对祖国壮丽河山的热爱，或赞叹大自然的奇伟瑰丽，或由山间流水感叹光阴易逝，或由潮起潮落透悟人生起伏。有了中心，写景就有了主心骨，以至在写作过程中每移一步，每换一景，都不会迷失写作的方向。

旅途见闻的内容丰富多彩，但是不可能什么都写进文章里。中心确定以后，就要对观察到的景物进行精心剪裁：哪些内容详写，哪些内容略写，哪些内容不写。题材的取舍，当然首先要选新颖有趣的内容，更要选有个

性、有地方特色的材料，特别是那些人文资料，即所游览之地的风土人情、文化氛围、生活习惯、传闻轶事、历史传统、现代文明、经济发展等等。这样，不仅能使你的文章主题鲜明，中心突出，而且读起来更有文化内涵，从而使你的文章更有社会价值。

二、观察有法，详略适当

游览时，要善于观察。首先要选择最恰当的观察现象，就得学会观察，学会筛选。观察的方法很多，但我们要选取最切合本次游览活动的观察法。如果想要总览全景，就必须站到高层建筑上观察；想要刻画微观景物，就要近距离仔细观察。一定要根据被观察事物的特征决定观察者的位置。只有选好了观察点，注意了观察方法，才能对眼前景物看得真切，描写起来也才能成竹在胸，形象逼真。

游记虽然是对游览过程的记录，但却不是面面俱到的记录。一次参观游览活动，看到的景物很多，我们不能记“流水账”。要把看到的景物中印象较深的写下来，其余的可以写得简略些。我们一边参观游览，一边要抓住景物的特点，进行仔细观察。比方说，我们要写游览时看到的景物为主的记叙文，写作的重点就是把看到的景物重点写下来。对于我们看到的特别好的景物，我们要具体地描写，突出重点。对于重点的景物，要注意详细描写出它们的位置、大小、动态、静态、颜色等，其他的则应该一笔带过，或者干脆略去不写。我们要把过程写详细、具体，做到主次分明，详略得当，写出来的文章才能突出重点，清楚明白，才能写出游览的意义，才有教育意义。

三、恰当构思勾画游踪，运用线索串联材料

游览一个地方，往往要经过许多地方，看到许多景物。写参观游览的文章，一定要考虑行文的顺序，体现作者的游踪。最常用和最简便的方法就是移步换景，即以游踪的变化为线索，随着时间的推移和空间的转换，完整有序地写出重要的游览过程，相应描述不同地点所见的景物。也可以以方位变化为序，站在一个固定的位置上，由近及远或由远及近，由左到右或由右到左，由上到下或由下到上，由里到外或由外到里，先中间后四周或先四周后中间地观察，按照观察的顺序布局全篇文章。或者以

景物的类别为序，我们参观游览一个地方，在大范围内又有各种不同类别的景物。例如到了郊外，可以先看田野再看河流，最后看山峦；到了荒原，可以先看天空，再看原野，最后看牛羊……总之，作者如同一名导游，领着读者一个点、一个点地参观游览，使状物绘景顺序井然，情趣横生。

有人说，写文章如同串珠，没有一根线索将其中各个要素串联起来，这篇文章就会支离破碎，或者杂乱无章。写游记更是这样，一定要有一条合理的线索贯穿其中。游记中，最常用的写作顺序可能就是行踪了，即按照游览的先后次序来写。

四、描绘景物注入感情，关注首尾凸显情理

清代文人张潮说："文章是案头之山水，山水是地上之文章。"情，则是文章的精魂，甚至是生命。我国古代众多游记名篇、"案头的山水"绝不仅仅是自然山水的反映。作者游踪所至，美景在目，心有所感，形诸笔墨，往往物中有我，景中见情，不仅写出了山水的蓬勃生机和无穷妙趣，还能含蓄蕴藉、意味隽永地把作者的身世和人生理想

表现出来，达到直抒胸臆、情景交融的效果。游记应当追求这种情景交融的境界，在描写景物的过程中，由情及景，由景触情，把自己的思想感情融进文章的字里行间并贯穿全文，成为一条隐于文中的感情线索。文辞中既有所见所闻，又有所思所感，这样才能丰富文章内涵，深化习作主题，使文章焕发出人性的光辉和艺术的魅力。

游记开头一般要交代清楚时间、地点和人物，可以写得简略些。结尾应用议论或抒情的方式写下自己的感受。这样，写的文章有头有尾，读起来给人一个完整的印象。

状物类文章一般运用托物言志的手法，作者常把自己的“志”（志向、情趣、理想、追求）依托在某个具体之“物”上，所托之“物”可以是花、草、树、木，也可以是某一具体的物体。这个“物”往往具有某种象征意义，成为作者的志趣、情感或理想的寄托者。作者个人之“志”，便借助于这个具体之“物”来表达，以增强文章的感染力。

托物言志类记叙文的一般结构为“开头（引出物）——托物（描写物）——言志（由物及人升华主旨）——照应开头，收束全文”。其中“托物”部分，往往又由两部分构成：描写所托之物的外形特点、抒写所托之物的内在气质精神。“言志”部分则一般有三部分：由物到人，由人到人的精神，由人的精神到人生感悟。当然，“言志”的这三部分并不是每篇文章里都有，也许有的文章只由物到赞人，也许有的文章有前两部分，也许有的文章只有最后的人生感悟部分，具体情况要具体分析。

托物言志类记叙文的写作，立意是关键。立意可以通过某种事物描状，表现某类人或某个人的精神品质，可以寄寓社会、世态、人生的某些哲理，昭示人、感召人、激励人、鼓舞人。

立意的确立要借助发散性思维选出最佳立意，也可逆向立意。常见立意方法如下：

一、顺向立意

如通过描写耕牛紧拉套绳，步履坚定，任劳任怨，人格化地表现具有默默奉献、埋头苦干的精神和“得到的甚少，给予人的很多”的品质的人；通过描写红叶、菊花霜凌之后叶更红、花更艳、人更爱，拟人化地表现人生经历艰辛苦寒是一种丰富，一种收获，一种精神财富；通过描写“夕阳无限好”，依然绚丽依然辉煌，象征性地反映老一代老当益壮、甘愿奉献余热于人间的精神；通过描写溪流冲过各种艰难险阻，百折不回，奔向江河，人格化地表现某种勇往直前、追求不息的性格；通过描写无名小花繁盛艳丽，竞相开放，争奇斗娇，而拟人化的讴歌不知名不起眼的小民百姓的朴实、正直、敦厚的美德等等。

二、逆向立意

例如，一般人描写翠竹傲寒凌雪，与松梅为“岁寒三友”，高洁而令人钦敬，但反其意而立新意，则可拟人化地反映那种徒有虚名、内心空虚、华而不实、哗众取宠、“嘴尖皮厚腹中空”的人，启示我们应内心充实、表里一致、朴实无华；一般人描写牵牛花(藤萝)枝枝蔓蔓，五彩缤纷，如荫如盖，浓郁茂盛，借助他物攀得远，爬得高，但逆向立意则可人格化地表现攀附权要，趋炎附势一类依附者形象，启发人们应有独立人格；一般人描写芦苇纤细轻盈，芦花如雪，随风摇曳，为秋色增美增趣，但逆向立意则可形象化地表现生活中见风使舵，随风摇摆那类人的性格特点，告诫人们做一个立场坚定的人；一般人描写爆竹在欢喜庆贺时增加节日气氛，使人欢快喜悦，为庆贺呐喊不惜献身碎骨，但逆向立意则可形象化地表现那类一发脾气后果就不堪设想，或因炫耀威力而自取灭亡的脾气暴躁者，警戒人们“忍”字当先，三思而行等等。

运用“托物言志”的手法要注意以下几点：一要找准

托物言志的“相托点”。相托点即所咏之物与要表达的思想意义之间相通相似之处。即“物”与“志”,“物”与“情”之间的内在联系。描述时,自己的“志”要以“物”的特点为核心。“物”要能表达自己的意愿。二要抓住事物的特征状物。抓住物的特征才能体现文章的立意,精彩传神的状物才能使言志有所依托。三是托物言志的文章重头戏在描写,这就要求作者善于细心观察,角度新,表现手法要新颖多变,语言要生动形象传神。最终寄情于物,塑造托物言志的艺术形象。在状写事物时倾注作者的深情厚意,字里行间都洋溢着这份真情。这样的物就有了思想、有了灵性,而且具备了典型意义,这样就可以顺理成章地完成言志的使命。

总之,“写景”“状物”类文章要运用语言从多个角度、多个侧面对眼中的各种景物或事物进行描摹刻画,绘其声,描其色,摹其状,勾其态,观其光,映其明,触其热,感其寒……凡此种种,就是要对事物的声、光、色、态、貌、形等等方面做精细的描摹,力求穷形尽相,抓住事物特征。“状难写之景如在目前,含不尽之意见于言外。”(梅尧臣)通过写景状物之文,寄托人的情感、胸臆、德操、精神等等,景和物仅仅是表情达意的载体而已。

典型例文

(一) 写景类记叙文:

看　雪

—考生

宁静的冬日,仰望天空中洋洋洒洒飘落的雪花。晶莹剔透的雪花如寻梦的蝴蝶,扑闪着翅膀漫天飞舞。沿着初雪的印记漫步,雪如动感的美妙音符,四处灵动飘舞,迷漫在天空中。喜欢满天飞雪的日子,雪以博大的胸襟包裹这大地,让土地得以滋润,让大地得以装扮,给宁静的冬日倍增几分绚丽。

飘雪的城市,是一道圣洁喜悦的风景。看雪的心情以心境而定,是圣洁还是高贵?是朴素还是纯净?各有己见,能读懂雪的人们,常以雪为寄托,寄托情感,寄托希望,让白雪飘在记忆的深处,落在岁月的印记处。她无时不融进我们的精神家园,让思绪肆意飘散。身居繁华都市的人们,常把雪寓为圣洁的爱情,洁白无瑕,始于雾的浪漫,雨的酣畅,云的迭起,露的灵犀,霜的冷漠,雪的洁白,冰的剔透,最终归于水的平凡与宁静。

飘雪的农舍,给淡泊而寂静的乡村生活注入了新鲜的气息,暖暖的颜色和着柔和的气息,如朵朵柔和的棉絮，轻轻落入大地，和着田间麦苗和雪的呢喃耳语，构成一幅祥和安静的图画。乡间的人们面对飘雪的喜悦和对来年丰收的渴望，全部融入潮湿的心灵，长出新绿的枝芽，然后以雪为景，以飘落的天籁之音为乐，围坐火炉边，暖一壶老酒触摸人间的冷暖，构想着来年的累累硕果。

飘雪的山峦，给起伏不平的山丘盖上厚厚的棉被，树木在雪的覆盖下静静享受着初冬的寒意，慢慢吸取着白雪那甘甜的水分，如婴儿般安详、宁静，等待来年白雪融化时那春意盎然的生命奇迹。山间那些冬眠的生灵们，安睡在白雪砌成的屋檐下，惬意地享受着冬眠带来的那份轻闲和安逸。

看雪的日子，踏着轻盈的脚步，独自徜徉在闪着亮光的夜色下，微风吹拂，雪花飘飞，让人仿佛融入这美丽的自然中，心已经被白色朦胧的夜空所陶醉和感动。还心灵一份宁静，洗去在城市纷扰的尘埃，用心倾听天空飘洒的音符构成的乐章，那飘逸的琴声，委婉的号声，弹奏出人间最美的音乐，不需要装点，不需要刻意修饰，一切都是那么的简洁顺畅，令人神往……

例文评析

雪中观景，城市、农村、山峦各有其神态。作者以诗意的笔触，轻轻点染，三幅图画如在目前，城市里人们各有寄托，农村中雪与麦耳语，山峦上雪被铺盖生灵冬眠。看雪的日子，获得的是心灵的宁静，洗去的是尘埃，作者从雪花的飘舞中聆听到了飘洒的乐章。在作者眼中，雪中的一切，都是诗意盎然的图画，都是生命的独特展示。

（二）状物类记叙文：

五致藿香

一考生

藿香茶特有的清香飘散开来。带着陷入题海的烦恼，我微微呡上一口，顿有一丝清爽。注视着静静浮着的藿香叶，我的思绪回到了一年前……

初夏的一天，我无意间发现北门西墙下仅有一指宽的狭缝中，竟然孤零零地长着一棵野生藿香。坚硬的水泥路面，壁立的砖墙，很少光顾的阳光……她怎么能生存，还那么生气蓬勃？我来了“雅兴”，拍了照片，回到家里，伏案吟出一首《致藿香》：“挺起一箭绿，扎土细缝深。茎探两三尺，叶展七八层。远观颜明目，近玩香袭人。莫道寂无伴，来年闹墙根。”正在自鸣得意时，右手触到前两天服用的中药——“藿香正气丸”，忽然间我又有了新的感悟：当下的家长中，“不能让孩子输在起跑线”这句话很流行，这棵藿香实实在在地“输”在了起跑线，但她却生机盎然啊，这是为什么呢？一番思考后，我又吟出了《再致藿香》：“落种已输起跑线，贫土背阳朔风侵。咬定墙根修正气，送香祛病亦才俊。”我想让太过看重“起跑线”的家长们赏一赏这棵藿香后明白：成“才俊”者，靠的是自己能“咬定”、克苦难、“修正气”。

一个月后，梅雨湿热，一场暴风雨灾害来临——枝叶满地，积水不退，出行艰难，园区成了可“看海”的“泽国”。那棵藿香挺得住吗？我很担忧。出门蹚水一看，我佩服了：依墙而生的她竟然屹立不倒，强大的生命继续发力——枝头隐约可见白色小花，她已由亭亭玉立的少女走向透出成熟气息的中年。真是令人敬佩啊，一首《三致藿香》酝酿于心：“三十日月采精华，枝头顶出数点白。梅雨狂风人‘看海’，君却傲立笑说灾。”

与此棵藿香交友已有五十天。星期天又去拜访，所见又令我吃惊：枝叶繁密的她，身高几乎与我并肩，几朵花盛开着，煞是好看。我惊喜不已——花开意味着种子已在孕育啊！一首《四致藿香》脱口而出：“已至不惑志凌云，绿意铺墙追我身。更喜花开分外白，来年再现精气神。”

冬去春来，我带着几分忧虑来到老友的原生地。只见经历寒冬之藿香虽然枝叶枯瘦，却早已将籽粒嵌入墙缝间，数片新叶伸展于枯枝之下，盎然春意扑面而来。这不是老枝生命的延续吗？老枝没有另觅新地，而是选择了坚守，以新的绿意回报曾经养育过她的贫瘠土壤。面对老友及其后代，我涌起心潮，即兴而咏《五致藿香》："风雪一冬割如刀，枯衰是形心却高。新叶护根两三片，一缕暖风漾绿潮。"……

收回思绪，藿香茶特有的清香还在飘散，我又吮上一口，更觉心爽神怡，陷入题海不能自拔的烦恼被一扫而尽。我将剩下的几片已经晒干的藿香叶严严地包好，为的是让她的绿意永驻我心，让她的清香常留气脉。

例文评析

作者深悟"亦物亦人，融情融理"之法，通过吟诗凸显藿香枝叶与小花之美，称呼藿香为"老友"，对其坚韧顽强、知恩图报的敬佩之情洋溢在字里行间；有关"起跑线"的议论和"枯衰是形心却高"等诗句引人深思。结尾呼应开篇的议论，画龙点睛，体现出文章意蕴与哲理相谐和的构思特点。

第十一讲

小小说写作

训练目标

1. 了解小小说的一般特点。

2. 初步掌握小小说创作的一般技法。

训练过程

小小说又叫微型小说，是一种篇幅很短、情节简单、对人和事件都不做详细描写和叙述的新兴小说体裁。近几年来，在高考作文中也出现了不少以小小说为体裁的佳作，如一股股清新的空气拂向沉闷的考场。小小说通过虚构的故事和人物反映社会生活中的各种冲突。这些冲突往往给读者带来强烈的阅读体验和审美体验。

一、小小说一般特点

1. 篇幅短小

小小说篇幅短小，高考作文八百多字的篇幅要求正好适宜。小小说往往反映人物在某件事或某个场景中的片断行动，勾勒出人物的精神面貌，揭示出某个道理。它所反映的一般不是人物的精神全貌，只是特定环境中的人物性格的某个侧面。如美国作家弗里蒂克·布朗写过一篇小小说："地球上最后一个人独自坐在房间里，这时忽然响起了敲门声…"全篇仅 25 字，却非常别致、有味，被誉为"世界上最短的科幻小说"。

2. 情节简单

情节冲突是小说的基本要素之一，情节简单并不意味没有情节冲突，只是小小说的篇幅特点决定了它不可能有太复杂的情节，作者往往选取富有典型特征的瞬间或镜头来表现人物特点。有很多时候，作者将读者能够想象到的情节都尽量省略了，从而造成令人回味的效果。

如马克·吐温的《丈夫支出账单中的一页》：

招聘女打字员的广告费……（支出金额）

提前一星期预付给年轻女打字员的薪水……（支出金额）

购买送给女打字员的花束……（支出金额）

同她共进的一顿晚餐……（支出金额）

给夫人买衣服……（一大笔开支）

给岳母买大衣……（一大笔开支）

招聘中年女打字员的广告费……（支出金额）

小说全文只有七行字，内涵却极为丰富，可以说具有长篇小说的全部情节：一位公司经理，喜欢上了刚招聘来的年轻的女打字员，给她预支了薪水，送了花束并共进了晚餐……不料此事被夫人知道了，为了平息风波，花了一大笔钱买贵重礼物向夫人和岳母赔罪。事后，只得另招聘一位中年女打字员了事。这么丰富的情节，但是作者仅仅选取了账本上的一张支出明细表来表现，对于其中的情节变化、人物冲突的过程，作者没有刻意渲染，留给了读者一个巨大的能尽情发挥想象的空间，使读者读后发出会心一笑。

3. 人物集中

小小说中的主要人物通常只有一两人，次要人物很少，人物间的关系也不复杂。通过人物间的语言、动作、心理等冲突展开故事情节。

4. 以小见大

小小说的这一特点是指它反映的内容和意义而言的。“小”是指所选的题材截取生活面要小，只有这样才适合小小说体裁表现的需要。但正如佛家所说的“一沙一世界，一花一天堂，一树一菩提”，它的篇幅虽小，却有丰富的意蕴，有一定的生活容量，它反映的内容和意义并不小。这就是小小说的“大”。一篇优秀的小小说往往包含了作者对生活的哲理性的思考，对人生意义和价值的探索。篇幅的短小、情节的简单并不意味着其内容的苍白和思想的浅薄，应该做到篇幅的短小与内容的博大、意旨的深远的完美统一。这正是我们在进行小小说创作时要努力追求的境界。

二、小小说如何选材

通常来说，我们要尽量选择自己所熟悉的、能够驾驭的题材。这里所说的“熟悉”有两层含义：一是自己亲身经历过、有过深刻感受的生活；二是自己借助其他方式间接了解的生活，如借助影视作品、报纸杂志、网络聊天等方式感知生活。同学们进行小小说创作要尽量避免进入陌生的领域，如山盟海誓的情感纠葛、变幻莫测的政坛风云、生死一线的江湖传奇等。具体说来，可从如下几个方面考虑：

1. 写现实生活

（1）校园生活

校园生活是我们所熟悉的内容，有人认为“熟地无风景”，但平静的海面下往往涌动着湍急的暗流，再宁静的校园也会有故事发生。如素质教育与应试教育的互相掣肘，传统的师道尊严与教学民主化的冲突，青春少年面对朦胧情感的躁动不安，平庸的学习成绩与遥远的梦想之间的距离，一场小小的争论，一次不大的风波，一支短暂的插曲，都可以触动我们的写作灵感，演绎成为我们笔下生动的画面。

（2）家庭生活

家庭生活是小说创作的永恒题材，家庭内的悲欢离合，家庭间的情仇恩怨，在这个星球上不断上演，给我们提供了巨大的写作空间。比如父辈与子女的沟通障碍，上辈与下辈的情感交流，传统与时尚的格格不入……凡此种种，我们又怎能无动于衷？要注意的是，在用第一人称写家庭生活题材的小说时，因受其中的情感因素的影响，很容易不由自主地写成散文，写作中不要忽视小小说这一体裁的基本要求。

（3）社会生活

作为一名学生，这十多年的大部分时间都在学校度过，还有小部分时间则在享受亲情的阳光，涉世未深的我们对社会的了解往往是一种间接的、感性的认识。很多时候生活并不像我们所想象的那样简单，在不同的社会环境中会有不同的“生活场”——即行业特色突出的生活环境、言语动作习惯等，因此，在涉及此类题材时要尽量避免自己了解不多的生活侧面，以免露了马脚，“磕”出“硬伤”。

（4）动物人生

转换小说主人公的角色，从动物的角度出发，以动物的眼光看社会、看人生。视角的转换往往能造成一种新奇的效果，对事物往往也能有全新的诠释，并给人带来耳目一新的感觉。在这方面，日本作家夏目漱石可谓是高手，他的小说《我是猫》轻松诙谐且不乏讽刺力量，一经问世就引起了人们强烈的兴趣，引发人们对人类自身广泛存在的自以为是、自欺欺人、装腔作势等人性弱点的思考。

2. 写历史传奇

借历史故事反映现实生活，“故”事新编，借古讽今，“旧瓶装新酒”。方法有二：

(1) 扩写

撷取历史故事的一个片段，紧扣历史人物的性格特征，丰富片段的内容，翔实地摹写出人物在紧要关头的心理、情态，借以表达出作者的写作意图。选择这类题材进行写作，一定要注意在熟知原著的基础上进行，尽量忠实于原著，否则，就会让读者误以为作者的文史知识有所欠缺。如高考满分作文《赤兔之死》，其题材即选自《三国演义》第七十七回《玉泉山关公显圣　洛阳城曹操感神》：“关公既殁，坐下赤兔马被马忠所获，献与孙权。孙权即赐马忠骑坐。其马数日不食草料而死。”作者尽情驱遣想象，将一匹马的传奇演绎得淋漓尽致。

(2) 改写

对名著或历史中的题材进行加工、改写，是近几年高考作文或平时作文中见得比较多的一种方式。相对于扩写来说，改写要显得轻松一些，一般来说只要人物性格和原著基本吻合就行了，而故事情节则不必受到过多的束缚，完全可以按自己的意愿要求去设置。这也是同学们在写作中比较喜爱采用的一种形式。

3. 写虚拟世界

人类对环境、能源、政治的忧患意识，对地球命运、人类未来的责任意识，追求平等、民主与自由的人文精神等都可以用科幻题材表现出来，可以从《流浪地球》之类的科幻片，甚至从《哈利·波特》这类魔幻片中受到启发。

三、小小说写作要求

1. 人物形象要典型

小小说里的人物要有自己的特色或者明显区别于素常的标识。比如写“小女孩”就不如“穿着碎花裙的小女孩”给人更直观的感受。可以赋予人物一些具体的细节特征或者不同的行为习惯，像口头禅或者地方口音或者某些习惯性动作等，以此来凸显人物自身的特色。如果想强调一个人物的真实感，就要给人物取一个具体的名字。比如写“王自强老师”和全篇都叫“王老师”效果是不一样的。如果你的目标不是塑造人物，而是写人与人之间的冲突或者呈现事件的复杂曲折情形，那么适宜用代词来指称人物，比如人称代词“他”，或者其他泛称，像“男人”“女人”“老人”“小青年”等。

此外，初学者可先采用第一人称或第三人称来完成作品，第二人称创作难度高。

作为一篇小小说来讲，通常一篇作品三两个人物就可以了，人物太多，你根本顾不过来，会导致人物塑造挤占了太多篇幅，故事情节无法有效展开。

典型的人物形象是小小说凸现主题的主要载体。要让读者通过具体的形象，在人物的喜怒哀乐中受到感染。曲折的命运、激烈的冲突、白描的手法等都是塑造形象的好方法。

2. 角度新颖，构思精巧

作家王蒙认为，小小说是从一个点、一个画面、一个对比、一声赞叹、一瞬间之中，捕捉住了一种智慧、一种美、一个耐人寻味的场景、一种新鲜的思想。如果小小说写得淡而无味，落入俗套，那么再短小也是冗长。如果有创造性和独特性的内涵，道他人之未道，句句搔到痒处、打到痛处，才能成功。

3. 情节要有吸引力

情节是小小说吸引读者的关键。情节曲折新奇，能突破思维定式，给读者以惊异感，增添作品的魅力。小小说要通过具体的事件让读者感受到你要表达的东西，要注意情节中的矛盾冲突，以及思想性。要善于依据文章的情节需要来做出适当调整，制造矛盾点，平息矛盾点，若没有矛盾点，就没有看点。

写人写事，情节往往离不开景物描写。要注意的是，小小说通常都需要避开大篇幅的景物处理。一般对景物的描写最好都局限在几十字内，而且要根据人物和场景的需要，简单地带出一笔。也就是说景物描写是点缀，说到底都是为人物为主题服务，不是描述的主要对象。

4. 精心安排结构

小小说尽管短小，但结构也求完整。它不是靠情节的复杂取胜，而是要精心布局，做到主次分明、疏密有致，形成一个完整的艺术品。外国有人指出“变化产生美”，把“变化规律”列为“文学成功的重要原则”之一。可见曲折变化对小小说结构的重要性。

5. 结尾要含蓄隽永

小小说结构的巧妙，突出地表现在结尾上。小小说由于情节单纯，缺乏引人入胜的对发展过程的描写，大都是瞬间镜头的闪现和勾连，这种情节特点，决定了它在结尾上做文章，用出人意料的结局来完成结构的构架。小小说的结尾比开头重要。出人意料又在情理之中的结尾是小小说的灵魂，似画龙之点睛，如下围棋之做眼，也有人把它比喻为“引爆审美想象的雷管”。可以以解决矛盾、解开悬念来收篇。

作家韩英说：“一篇作品水平的高低，不是由作家本身的主观愿望决定的，而是由生活积累的多寡、思想水平的高低、写作技巧的高下三个因素决定的。三者相互制约，缺一不可。生活是基础，思想是灵魂，技巧是关键，三者融汇到一起，才能焕发艺术的魅力。”

典型例文：

青　瓷

一枝青花犹如一条小蛇盘上了瓶身，那瓶在日光下显得如此晶莹剔透。而一条长长的记忆，纠缠着老戴的整个人生。

当老戴还是小戴时，他的生活就如享受着江南春风的竹笋般，舒适，滋润。但是好梦总不会长，变故来得很随意，又那么让人无措。

老戴的爹，是小有名气的制瓷人。有一天，京城来了老朋友，老戴爹设了酒宴招待客人。席间，老友拿出一只锦盒，爱瓷如痴的老戴爹当时就呆在那里，半晌，才接过青瓷，喜得直叫，“好瓷！”老朋友问：“老哥哥，你说，这瓷值多少钱，我这条老命就差点儿为这瓶丢了。”老戴的爹有了些醉意，笑嘻嘻地伸出两个指头晃了晃。“两万两？”“嘻，二十万两。”老友喜得不知所措：“当真？”“我还能骗你吗？这可是景德镇的制品，慈禧太后的珍藏！”说着，老戴爹抱着瓷瓶站了起来，大概是想让老友看看瓶底的印章，谁知脚下被椅子腿绊了一下，连人带瓷瓶摔倒在地，瓷瓶就这样碎了一地。老戴爹的酒也醒了……

最后，老戴爹变卖了所有家产，才凑了不到十一万两的银子。朋友接过银票，在叹息声中离去了。

老戴爹开始修补瓷瓶，他晃着脑袋，满脸憧憬地说：“儿子，等爹把这个物件儿修补好了，咱的大房子就会回来的。”

可惜，世上的事就是难遂人愿，家里已经到了一贫如洗的地步，老戴爹仍然固执地不接其他任何活儿，埋头修补青瓷。谁知瓶子还没补好，老戴爹就中风了，临终前支吾地指着青瓷想说些什么，却被老戴娘打断了：“这个破东西害了你，你还想拿它害孩子们，它再值钱我们也不补了!”老戴爹在不甘中合上了眼睛,老戴娘哭得死去活来。

小戴渐渐变成了老戴,他的技术也越来越好,但他一直忘不了父亲的遗愿,老娘去世后,他拿出那个被老娘恨了几十年的青瓷瓶,潜心修补。“爹,吃饭了! 爹,你还在看那破瓶子?”儿子叫着老戴,不紧不慢地说。儿子在烧瓷上很有天分,这一点极像他爷爷。可是爷俩儿怎么也烧不出一块让青花瓶看起来完美无缺的瓷来。

“你这两天背着我神神秘秘地干了什么呢?”老戴不解地看着儿子。

“保密。”儿子得意一笑。

老戴六十大寿那天,宾客满堂,却不见儿子。半晌。儿子满头大汗抱着一只锦盒走了过来。打开。一枝青花静静地开在瓶子身上,阳光下温润如玉。“你,你修好了?”老戴老泪纵横,这瓶子补得真是天衣无缝。

“没。那破瓶子被我摔了,又不是什么宝贝,修什么?我重新烧了一个一模一样的。”儿子笑着说。

“你是怎么烧出来的? 我和你爷爷可从来没想过再烧一个。”

“你和爷爷太看重那青瓷的价值了,忘了不破不立,只知道补!”

例文评析

这篇考场作文在众多的议论文之中显得一枝独秀，引人眼球。文章故事曲折，鉴瓶——损瓶——补瓶——新瓶，涟漪连连，引人入胜。结尾卒章显志，契合材料，点明主旨。文章勾画老戴、老戴爹、儿子三个人物，“戴”寓“带着厚重的压力”，又寓“慢慢等待”之意，构思巧妙。再者，小说语言精当，“一条长长的记忆，纠缠着老戴的整个人生”“当老戴还是小戴时，他的生活就如享受着江南春风的竹笋般，舒适，滋润”“小戴渐渐变成了老戴”等，给人以灵韵之美。

第十二讲

记叙文的开头

训练目标

1. 了解记叙文开头的一般特点和基本要求。

2. 掌握记叙文开头的几种方法。

训练过程

元人乔梦符说过，写文章需要“凤头”，巧妙玲珑，短小精美，美丽动人。记叙文也是如此。因此，我们写作文时，必须重视文章的开头。开头是在给文章造气氛、定调子，要给阅卷老师良好的第一印象。特别是高考作文，若能有一个别出心裁、独辟蹊径、让人耳目一新的开头，常常能一下子抓住阅卷老师的眼球，让你的文章在众多作文中脱颖而出，博得阅卷老师的“欢心”，印象分自然不低了。所谓“凤头初现惊百鸟”说的便是这个理。所以，能否灵活自如地、独特精当地写好作文开头往往关系到一篇文章的成败。

一、记叙文开头的一般原则

1. 简

所谓简，就是开头力求简洁明了，不啰嗦重复。记叙文开头如一盏明灯，为读者照亮通向你城堡的路。这盏灯一定要亮要美要简约，绝不可以太花哨，太夸张，更不能不切实际地照的是通往别处的路，否则没人愿意费劲地去你的城堡观光的。本来只需要用一句话就能写清楚的内容，不要在前面加上啰啰嗦嗦的叙述，要把废话尽数删去，使文章显得直截了当，干净利落。如台湾女作家简媜《夏之绝句》的开头：春天像一篇巨制的骈俪文；而夏天，像一首绝句。

2. 新

新，就是开头不落俗套，标新立异，别出心裁。尽可能与众不同，也就是郑板桥说的“领异标新二月花”。可以一反常情，转换角度，让构思更独特，立意更独到，以奇取胜，产生奇峰突起，令人叫绝的艺术效果。

美国《纽约太阳报》19 世纪 70 年代的编辑主任约翰·博加特把新闻解释为“狗咬人不是新闻，人咬狗才是新闻”。这种说法被西方报人作为选择新闻的标准一直延续至今。这句话也说出了新闻的特点：异常性、新鲜性、猎奇性。就是说，在这个世界上，引起我们注意的，往往是那些不同于日常平凡生活常见的奇事、异事、新鲜事，也只有这样的事件，才会勾住人的眼球。这对于我们写好记叙文的开头也有借鉴作用。诚然，标新立异，别出心裁，巧妙行文，虽是一种大胆的创造，写得好，固然能一鸣惊人，技压群芳，但不能好新猎奇，弄巧成拙。要做到“新”不出格，“异”而合体，稳中翻新，恰合情理，令人读而拍案，回味无穷。

3. 趣

好的开头往往能吸引读者，激起读者阅读兴趣，或者引发读者思考。

例如运用设置悬念的方法，“吊起胃口”；运用提问的方式开头，如《谁是最可爱的人》；运用倒叙开头——讲事件的结果或者最精彩的部分和结果放到开头来写；运用对比，凸显非常反常的悬念方式开头：我每天回家，家里总是铁将军把门，今天刚上二楼，就发现，我家的门大敞大开着。将“每天”的正常情况和今天的情况进行对比，设置悬念——今天我家怎么了？

其实，“趣”常常源自“新”。人有猎奇心理，内容全新、形式新颖的开头，自然会引起读者关注。例如开头写的内容大家都没见过或很少见过，或者以诗歌、歌词等语言形式开头。

如《我要高飞》一文的开头“我是一只小小小小鸟，一只被剪断翅膀的小小鸟，我扑腾在凄迷的风雨中，却不想因此迷失方向。一个声音在心底呼唤：我要飞，要高飞……”作者以歌词的形式写出发自内心的呼唤，“要高飞”，要当学习的主人，从不堪重负的作业堆里寻找回丢失的个性。这样的开头令人眼前一亮。

4. 美

就是开头力求给人以美感，让人能够得到美的享受。要达到这种效果，往往需要用形象的描写、优美的抒情或恰当的修辞手法。

不妨运用形象的描写，如“五月的乡村就像怀春的少女般娇羞美丽。一片的白桦林蓊郁青翠，摇曳多姿。村

庄在白桦林的怀抱里娇怯含羞，躲闪”。(《回乡野趣》)

此外，文章开头要与结尾呼应，保证文章结构的完整和严谨。没有头、没有尾的文章结构是不完整的。首尾呼应，就像用一根无形的线，把首尾链接起来，让我们感到文章的整体结构更结实。

最后，如果是考场应试作文，开头首先要点题。题目里面的关键词语，要在开头段提到，“点题”这个“题”是指考题里的关键词语或命题作文的“标题”，而不一定是作文的主题。开篇不点题，对新手而言，就常常会跑题。

二、记叙文开头的常见技法

记叙类文章的开头方法很多，较为常见的有以下几种：

1. 开门见山，直接入题

写人为主的记叙文可直接交代人物或通过对人物肖像、语言、行动等的描写点题；叙事为主的记叙文，一开头就可以点明事情发生的时间、地点和有关背景，进入主题。

如《一曲美的颂歌》开头：她，太丑了！黄瘦的脸，尖尖的下巴,淡得几乎看不见的眉毛,一双细眯的眼睛,掩在浅浅的睫毛中,肥厚的嘴唇,扁而大的鼻子,一口参差不齐的龅牙。真是人见人厌。文章直接在开头对本文的主人公进行具有个性特征的刻画,在读者眼前展现主人公的特征,描形绘神,加深印象。如果在接下来的行文中,人物能够有一些变化,就更好了。

再如朱自清《背影》开头:我与父亲不相见已二年余,我最不能忘记的是他的背影。茅盾《白杨礼赞》开头:白杨树实在是不平凡的,我赞美白杨树。《喝彩》开头:有时,别人不经意的一句喝彩,可以吹散我们内心的阴霾,乃至影响我们的一生。《母亲节的礼物》开头:那天,鲜花店门口贴了一张大红告示:母亲节预订鲜花。哦!母亲节快到了,我该为母亲准备节日礼物了。

请看江苏省高考优秀作文《忧与爱》的开篇:

老王蹲在墙角,两手对插在袖筒,终于不耐烦地啐了一口。而老王进城一年多了,还是不能习惯这个奇怪的地方。看到这些小树,他总忍不住怀念老家那片地。

"噫,种两垄豆角哪!这么好的地!"他望着花坛,叹了口气。

他觉得心疼,那份烦忧藤条般缠捆了笑容。老王是个粗人，提炼不出“家园荒芜”这样的概念，他只是担忧。

这篇考场作文开头第一句话，就让小说的主要人物老王出场，直入核心内容“忧与爱”。正文主体部分从“忧”写到“爱”也就容易了，同时起到了间接点题作用，打开了整篇作文思路，显得十分自然，没有转弯抹角，也没有拖泥带水，更没有吓人一跳，而是顺理成章。因为拆迁，身为农民的老王住进了高楼，却也抛弃了过往的家园，失去了土地，失去了根。而老王之所以忧，是因为爱，爱他生活的家园，爱生他养他的那片土地，爱他用心耕作的庄稼，爱那只陪伴他的老黄狗……这种构思，有着浓郁的时代气息，让人反思时下“要想富，就当拆迁户”的做法，是否失之偏颇。“他望着花坛，叹了口气。”考生创设的记叙文情境，由“花坛”二字点出，主人公老王“被拆迁”，住进了高楼大厦，眼前没有碧绿的田野，只有美丽的花坛，可是老王不喜欢这些，却留念从前的那方土地。“担忧”与“怀念老家那片地”都明点了题旨，写到这儿，考生的思路逐步打开，“头”已经开好，作文也就成功了一半。要注意人物在记叙文的开头要自然亮相，不能唐突出现，也不要姗姗来迟。

2. 写景状物，渲染气氛

文章的开头从写景状物入手，展示人物活动的环境或交代故事发生的背景，给读者以身临其境的感觉，渲染气氛以此烘托人物心情或形象，展开故事。

如：朝阳出来了，湖水为它梳妆；新月上来了，群星为它做伴；春花开了，绿叶为它映衬；鸟儿鸣唱，蟋蟀为它拉琴……天地万物都在向我们讲述着关爱的故事。（《关爱永远》）

西风卷着落叶，飘向东，飘向西，我的头发也随风东西飘飞，风钻进脖子，冷飕飕。一只大雁，只一只，孤独地向南飞着，洒下一路哀鸣。（《孤独的心》）

请看《安徒生童话故事选·海的女儿》的开篇：

在海的远处，水是那么蓝，像最美丽的矢车菊花瓣，同时又是那么清，像最明亮的玻璃。然而它是很深很深的，深得任何铁锚无论多长的铁链都达不到底。要想从海底一直达到水面，必须有许多许多教堂尖塔一个接着一个地连起来才成。海底的人就住在这下面。

简评：作品开篇运用比喻的修辞方法渲染着一种悲剧的氛围，让读者情不自禁投入其中；同时作品自始至终笼罩着作者的一种忧郁情绪，这种情绪自一开始就弥漫着，昭示着小人鱼的悲剧结局。这是一个美丽而忧伤的故事，小人鱼为了追求人的高洁和不死的灵魂，放弃华贵生活和三百年生命，忍受肉体的痛苦，用她的爱心和她年轻的生命，谱写了一曲追求永生而崇高的灵魂的颂歌。

运用这种开头时要注意，不能为写景而写景，描写的目的是为了衬托人物思想，渲染气氛，感染读者，引起共鸣。还要扣住特征描写，遣词用句要准确，要适合文章内容的展开和人物情感的抒发。要注意分寸，防止渲染过度，以至臃肿堆砌，影响主题的集中表达。

3. 抒情议论，总领全篇

可以运用几句恰当的议论抒情做文章的开头，或感染读者，或点明主旨，领起下文。如："生日是一根线，一头是我，一头是外婆；生日是一个圈，圈住外婆的笑，圈住我的记忆；生日是一条河，那匆匆的流水，把我的思念带到外婆身边。"(《生日寄语》)再如：鲁迅先生有两句诗："横眉冷对千夫指，俯首甘为孺子牛。"这是他自己的写照，也是他作为一个伟大作家的全部人格的体现。(《琐忆》)

也可在开头简明扼要地概括文章的主要内容，使人一看便知文章的要点，如郑振铎《猫》的开头："我家养了好几只猫，结局总是失踪或死亡。”这一句提纲挈领，表示全文主要内容就是讲自己家养三只猫的经过。

4. 设置悬念，引人入胜

设置悬念开篇，就是在文章的开头制造某种气氛，使读者一见字句便想知道主人公后来境况或遭遇的，产生急切期待的心理和关注的心情，激发人们的兴趣和思考，起到引人入胜的效果。可以在文中直接提出一个大家不知道怎样回答的问题，如“秦始皇为什么杀了自己的母亲”；可以将相反的词汇或语义对立统一在一个人或事物上，造成矛盾，让人在无法理解中思考、阅读，破解迷惑。例如“有的人活着，他已经死了，有的人死了，他还活着”；也可以采用倒叙开头法，即文章开头先写出事情的结果，再写出事情的原因和经过，以造成悬念，增强文章吸引力。如：站在这充满荣誉的领奖台上，望着台下一张张羡慕的笑脸，听着他们真诚的掌声，我忽然想起了两年前，他们——我的同学将我从孤寂的暗夜引向光明的经历。（《走出黑夜》）

5. 引用诗文，突现中心

以诗文妙语、名言警句开头，既能显示出作者的丰富知识，增加文化底蕴，提高文章的品位，又能激发读者兴趣，揭示文章主要内容，突现人物、事件等。如考场作文《喝彩》开头：“自小刺头深草里，而今渐觉出蓬蒿。”杜荀鹤笔下的“小松”不甘平庸，顽强生长，最终赢得了人们的喝彩。我多想做一棵这样的小松，听到人们的喝彩！《母爱无边》开头：“母亲啊，你是荷叶，我是红莲。心中的雨点来了，除了你，谁是我无遮无拦天空的荫蔽？”每当读到冰心女士讴歌母亲的这段话，我便不由自主地想起我那矮小瘦弱却独自一人挑负全家生活重担的慈母。

6. 多用修辞，美化语言

例如《苦难是我的财富》开头运用排比：不经过挫折，怎知道生活之艰难；不经过创伤，怎知道命运之真谛；不经历苦难，怎知道生活之甘甜；只有当生命与苦难结缘，才知道，苦难其实也是一笔丰厚的财富。《悔》开头运用比喻：在一望无垠的旷野上，一棵古老的树，虽然生命已到了最后一刻，但它仍倔强地生长着。在它的身旁，一棵小树正在抽出嫩嫩的芽。老树的根枯了，它把生命的汁液输给了小树；老树的叶黄了，它把绿色的生命注入了小树。老树历经沧桑，走完了它艰难的历程。如今小树刚刚抽枝吐叶，老树却离开了它……这正像外公离开了我，他来不及接受我对他的报答之情，就匆匆离开了我。

7. 对比类比，烘云托月

例如《喝彩》开头运用类比：小草竭力挺了挺身子，想吸引人们的目光，赢得人们的喝彩，我就是那样的一棵不被人注意的小草，但我的内心多么渴盼能有人在某一刹那给我喝彩啊！又如《枯树》开头：当你看到平坦的大地上傲然挺立的一排排生机勃勃的绿树，你也许会情不自禁地赞叹大自然那非凡的创造力。绿树是美好的，枯树也有其可爱之处，虽然它青春已逝，生命衰朽。这种开头通过对比或铺陈，能使要表现的内容在其他事物的烘托下显得更加突出、醒目，从而给人十分鲜明和深刻的印象。

其实，记叙文的开头方式远不止这几种。许多优秀作文的开头也不是某种单一的形式，有时它是几种形式的组合。如《聆听幸福的声音》一文的开头："冬末春初，天空很纯净，纯净得像一块没有灰尘的玻璃，仿佛敲一下就可以听到很清脆的声音。没有风，开着窗，那一串风铃静寂无声，仿佛是沉睡了。伫立窗前，我抬头看那一串风铃，绿色的丝线连缀着淡黄色的橘皮——这是一串很特别的风铃，想知道它是怎样诞生的吗？"这个开头既用细腻生动的描写烘托了一种静谧美好的气氛，又设置了一个引人入胜的问题来统领全篇。

选用什么样的开头既要看作文的需要，也要结合自己的表达能力，切不可好高骛远或为了标新立异而弄巧成拙。

典型示例一

《一件小事》(作者为中国作家协会主席、著名作家铁凝)开篇：

15岁那年，我很迷恋打针，找到母亲一位在医院工作的朋友作老师，向她学会了注射。自从我学会了打针，便开始期盼眼前有病人，不论是家人或外人。我备齐针具，严格按照程序一次次操作着。一天，有位邻居来找我，说她每天都要去医院注射维生素B12，我若能为她注射，便可免去她每天跑医院的麻烦。我愉快地接受了她的请求。

这位邻居本是天津知青，因病没有下乡，大约在天津又找不到工作，才到我们的城市投奔她的姨母，并在一家小厂谋到了事做，她好像是那种心眼儿不坏，但生性高傲的姑娘，学过芭蕾，很惹男性注意。这样的邻居求我，弄得我心花怒放。

每日的下午，我放学归来，便在我家像迎接公主一样迎接我的病人。一连数日，事情进行得都很顺利，我的手艺也明显地娴熟起来。熟能生巧，巧也能使人忘乎所以乃至贻误眼前的事业。这天我的病人又来了，我开始做着注射前的准备：把针管、针头用纱布包好放进针锅(一个小饭盒)，再把针锅放在煤气灶上煮。煮着针，我就和病人聊起天来，聊着小城的新闻，聊着学生的前途。不知过了多久，我才突然想起煤气灶上的事。

例文评析

记叙文开篇与别人不一样就是创新，作者开篇写了自己经历的事情，没有别人与作者这样的经历相同，有一种清水出芙蓉式的新意，写出了一位十五岁少女的好奇心，其实好奇心每个人都有，可是别人的文章没有写过这样的事情，也就是“人人心中所有，人人笔下所无”，这就给人一种耳目一新的感觉。每个人的经历都会不同，每个人对事物的认识也不一样，作者自己经历的事情，别人不知道，写出来，就是新意。

典型示例二

《假如我与心中的英雄生活一天》(高考北京卷优秀作文)开篇：

公元前91年12月19日，我来到匈奴管辖的北海，这里已是白雪皑皑，天寒地冻，巨大的气压差形成强大的风暴——北海季风，搅得周天寒彻。让人感到锥心刺骨的寒冷。

苏武见我是汉朝的人，非常高兴。他带着我走进一间草棚，那是苏武的住所，收拾得十分干净。他从汉朝随身带来的一些物品，值钱的大都被匈奴人抢走了，还有一些生活日用品，整整齐齐地摆放在草棚的一角。草棚的旁边，是苏武的羊圈。

苏武热情招呼我，像是见到亲人一样，嘘寒问暖的，又向我打听汉朝好多的事情，我都一五一十地和他说了。他听得很投入，眼圈都渐渐红起来。

匈奴头目单于派卫律劝降，卫律软硬兼施，各种手段都用尽了，终究无法迫使苏武投降，他就报告了单于。

单于很恼火，他把苏武关在一个大地窖中，不给他吃的，喝的。天降大雪，苏武躺着吃雪，把雪和毡毛一起吞下肚去，好多天都没有死。

匈奴人很是诧异，视之为神，就把他放到北海边无人区，让他放公羊，还说公羊生了小羊，才放他回国……

例文评析

作者开篇就进入想象的天地，一下子把时间推到两千多年前，也一下子把空间扩展到北海，也就是贝加尔湖畔，把想象与史实结合起来，赞扬了苏武忠贞爱国的可贵精神。正如孟子所言："富贵不能淫，贫贱不能移，威武不能屈，此之谓大丈夫。"

第十三讲
记叙文的结尾

训练目标

1. 了解记叙文结尾的一般特点和基本要求。

2. 掌握记叙文结尾的几种方法。

训练过程

“编筐织篓，好在收口。”元人乔梦符也说过，写文章需要“豹尾”，简洁漂亮、干脆利索、警策有力。如果一篇主题鲜明、角度新颖的文章，读到最后，却被一个不妙的结尾扫了兴，岂不可惜！记叙文的结尾写得不好，会使文章结构松弛，拖泥带水，黯然失色。写得好，会使文章浑然天成，峻峭刚健，大添异彩，真可谓“回眸一笑百媚生”，这一笑，可使人驻足，令人心动，能赢得高分。

一、记叙文结尾的亮点举隅

文无定法，优秀记叙文的结尾各有特色，通常情况下会具备以下亮点之一：

1. 首尾照应

首尾回复照应，能使记叙文结构严谨。照应是以与开头相同或近似的内容、句式或词语，来作为文章的结尾，从而构成内容上的回应和修辞上的反复，形成浑然一体的严谨结构。这样做既是结构上的考虑，又示以故事的结局。

例如契诃夫小说《变色龙》结尾：……奥楚蔑洛夫向他恐吓说，然后裹紧大衣，接着穿过市场的广场径自走了。这个结尾，通过描述性语言，写出了警官处理完狗咬人案件趾高气扬、神气十足离开广场的情景，与开头警官"穿着新的军大衣"，"穿过市场的广场走来"的情节构成了和谐照应关系，一"来"一"走"，首呼尾应，使结构十分谨严，同时也宣告了小说的结局，加强了讽刺意义。这种结尾，往往内容上以强调为目的，结构上以呼应为标志，修辞上以反复为特征。

2. 点题揭旨

点示标题，揭旨明理，就是在文章的结尾，是将题目中的关键字乃至整个题目再次点示出来，使人获得鲜明深刻的印象，产生重温标题、回味无穷的效果，或是用关键词语或者关键句子点出主题，揭示深意。

请看乔叶《坐在最后一排》的结尾：那最后一排的位置和白老师的笑容至今仍历历在目，刻骨铭心。我知道我永远也不会忘记她，不会忘记这样一个把我的生命和灵魂引向另一种暖度、亮度与高度享受的人。这个结尾，作者运用简洁明快的语言，点示标题，揭旨明理：作为一个小学生，受到老师的爱护甚至宠爱是值得骄傲和难以忘怀的。

3. 余味悠长

有的文章开头如“爆竹”，结尾就像“撞钟”，韵味无穷，绵延不绝。文章的结尾留有余味，蕴含深意，能让人联想，令人深思，启人智慧，促人奋发。它的显著特点，是真意深意不在字表，而在字里，不在文内，而在文外，富有哲理，因而也是一种颇具匠心的含蓄式收束方法。

例如《安徒生童话故事选·海的女儿》的结尾：小人

鱼向上帝的太阳举起了她光亮的手臂，她第一次感到要流出眼泪……这一结尾留有余味，蕴含深意，表面上写小人鱼失败了，她没有成为人；但精神上她至高无上，芸芸众生望尘莫及。安徒生把人类所有的美集于小人鱼一身：天真、美丽、善良、仁厚、无私和坚忍不拔。作品以悲剧收场，感动了无数的读者，震撼着人们的心灵，唤起人们追求美好灵魂的崇高情怀。

二、记叙文结尾的常见技法

1. 自然结束法

在把内容表达完了之后，自然而然地收束全文，而不刻意设计蕴意深刻的哲理语句，这样的结尾称为“自然结束法”。它完全避免了画蛇添足、无病呻吟的毛病，显得单纯明快、朴素无华。例如福建高考作文《季节》的结尾：今年的秋天不一样，林子里没有落叶，小根带着他离开后学校寄来的学费全免通知书上学去了。他相信，明年的夏天是凉爽的，愉快的……但讲究“自然”并不意味着随心所欲，马虎草率，而是顺着文思发展的自然趋势结束全文。

2. 卒章点题法

记叙文结尾一般都要点题，尤其是新材料作文命题下的记叙文，结尾是点题最重要的部位，否则，有可能被误判为偏离题意。可在文章结束时，以全文的内容为依托，运用简洁的语言，把主题思想明确地表达出来，或者在全文即将煞尾时，把写作意旨交待清楚，所以这种结尾方法又称"卒章显志法"。结尾点题，不仅需要一句画龙点睛的话，有时还需要浓墨重彩的文字，这样，才能给阅卷老师强烈的视觉冲击。例如高考山东卷优秀作文《这世界需要你》结尾：

这世界需要你，需要你的爱，你的爱如春风，吹化了我心底的坚冰；你的爱如细雨，滋润了我心田的渴望。在此刻，多么想在短暂的寂寞之后睡在你的怀里。我知道有你的存在，便永远是晴空。花若能言，口自芬芳。爱若能言，心香弥漫。这世界需要你！

该结尾不仅以比喻的方式形象地诠释了"母爱"，而且总结全篇，两次直接点出标题，使主题在文章的最后得到了极大的强化和最大的张扬，极具视觉冲击力和心灵震撼力。

新材料作文命题背景下的记叙文结尾点题如能明点

固然好，但最好是暗合（不出现材料，而是出现材料的题旨），两者结合更妙。点题语言最好是议论式，或者议论抒情相结合式。如2013年高考江苏卷优秀作文《寻找适宜的环境》结尾：是啊，人应该如洞中的蝶，当外界环境侵扰时，寻找适合的环境。这样，才能守住自己的本真。该结尾系用明暗结合点题法。

3. 渲染烘托法

这种结尾的方式，常常在文章结尾处通过人物描写或进行景物描写再现一段情景，渲染一种或恬淡、或哀伤、或明丽、或迷蒙的意境，表现出一种诗情画意，彰显美感和韵味，从而更好地烘托主题，给人一种余味未尽之感。

例如湖北高考满分作文《站在文学的门口》结尾：林花谢了春红，太匆匆，白雪飘零的情愫不知能与谁共。落花悄然成了芬芳的泥土，抚慰了刚出芽的嫩柳，那细细的情思便成了文学的归宿。这个结尾景物烘托的作用十分明显。作者以“落花”“泥土”“嫩柳”等景物营造出一种诗意的意境，烘托出作者内心对文学的浓浓情思，情与景有机地融为一体，效果很好。

再看鲁迅的小说《祝福》就使用了这种结尾：

我给那些因为在近旁而极响的爆竹声惊醒，看见豆一般大的黄色的灯火光，接着又听得毕毕剥剥的鞭炮，是四叔家正在“祝福”了；知道已是五更将近时候。我在蒙胧中，又隐约听到远处的爆竹声联绵不断，似乎合成一天音响的浓云，夹着团团飞舞的雪花，拥抱了全市镇。我在这繁响的拥抱中，也懒散而且舒适，从白天以至初夜的疑虑，全给祝福的空气一扫而空了，只觉得天地圣众歆享了牲醴和香烟，都醉醺醺的在空中蹒跚，豫备给鲁镇的人们以无限的幸福。

这一结尾，不仅通过情景描写渲染了旧中国落后、封闭的农村除夕夜看似热闹实则死寂、看似吉祥实则险恶的氛围，还再现了旧中国农村浊重的愚昧气息和悠远的原始气氛，更反衬了祥林嫂的悲剧，增强了作品对旧社会的批判力度。

要特别注意，这种结尾方式的前提，就是上文点题很充分。否则，在考场上会因过于含蓄而吃亏的。

4. 抒情议论法

记叙文用抒情议论的方式收束，对记叙文所叙述的事件进行评说，能够表达作者心中的情绪，激起读者情感的波澜，引起读者的共鸣，收到言已尽而意未穷的效果，有着强烈的艺术感染力。抒情议论式结尾的形式是多种多样的，所以采取这种方式结尾比较自由，好的“抒情议论式”结尾必然油然而生真情，给读者以真实感、充足感。例如鲁迅先生的《故乡》的结尾：“我想：希望是本无所谓有，无所谓无的。这正如地上的路；其实地上本没有路，走的人多了，也便成了路。”作者议论评说，拓展主题，给读者想象的空间，读来如咀嚼干果，品尝香茗，令人回味再三。有时，用来总结全文的还可以是名言、警句或诗句，这样的结尾更是言简意赅，起到画龙点睛的作用。

5. 首尾呼应法

结尾与开头相呼应，写出既呼应开头又不简单重复的语句，使文章中心明确，线索清楚，结构紧凑，这种结尾方式是记叙文极常见的收束方法，能唤起读者心理上的美感，产生一种浑然一体的感觉。通常有照应题目，照应开头，照应线索，照应主人公几种写法。

如山东高考作文“时间不会使记忆风化”，考生题目是“当记忆流经奥斯维辛”，文章这样开头：当历史的车轮压过奥斯维辛，听到的是男人的怒吼与女人的尖叫，看到的是母亲的哭泣与孩子的惊恐。而今，奥斯维辛的天空湛蓝而且透明，一排排高耸的建筑直插云霄，似要打破这里的宁静。文章结尾是：那天，奥斯维辛警钟长鸣；那天，犹太人民饱含热泪；那天，记忆流经这和平的世界；那天，和平在向那极端的功利者和道貌岸然的战争者宣判。胜利的钟声会在和平者的心中响彻整个胸膛。首尾呼应，启示人们：时间永远不会将奥斯维辛风化在记忆底层！

6. 委婉含蓄法

有些文学味浓的记叙文结尾，作者既要提示读者注意了解文章的主题，但又不想按逻辑思维的方式直截了当表述出来，而是用比喻、象征等形象化的方式加以暗示，这样能给读者留下一片想象的余地，让读者有所思，有所悟，产生言有尽而意无穷的效果。

例如：

时光易逝，西湖之畔到底消逝了多少这般决绝的女子，到底封存了多少美丽的初次相见，到底埋葬了多少黯然的寂寞。

当破晓的光晕驱散西湖之畔的水气，当混沌的晨晖又一次隐没在潮动的人流之间，当一切暴露在阳光底下，再没有所谓的歌者与行人，她不再是湖畔的歌女，而是那清冷山寺中的尼姑。她不再拥有那傲人的才情，她不再是谁生命中的点缀。

淡笑无痕，只留一抹寂寞……（《淡笑无痕》）

这种收束技巧，常见的有三种情况：一是词句蕴含式，即通过平实简明而又警策深邃的语言来收束全文，表达令人深思、富有哲理的内容，激人奋发，促人警醒，给读者留下意味无穷的广大空间。二是标点符号式，即通过能够发展延伸、耐人联想揣摩的省略号收束全文，给读者留下广阔无间的想象余地，以体现作者的匠心。三是情节留空式，即在文章的收尾留下语言空白，让读者去构思创造，加以想象补充，既是全文的终结，又是读者参与的起点、余味的延伸。运用余味蕴意式收束，要体现出蕴意真味，语言要含蓄，切忌直露。要注意文外之文，多从读者角度考虑，要让读者感到，文章既结束了，又似刚刚开始。

典型示例一

《一件小事》（作者为中国作家协会主席、著名作家铁凝）结尾：

许多年过去了，我深信她从未向旁人宣布和张扬过我那次的过失。一定是因了她的不张扬，才使我真正学会了注射，和认真去做一切事。

简评：文章结尾运用“照应延伸式”，既照应了前文，又引导读者去思考，是有力的“豹尾”。自己的天真、机灵、执着和邻居的随和、宽容、善良，展示了“我”和邻居心灵的纯真和美好，人与人关系的和谐与通融。这些内容在结尾中都有体现。一件小事往往会让你走向成功，也常常会影响人生的进程。邻居的谅解、宽容和鼓励，不只是“使我真正学会了注射”，更重要的是让“我”“认真去做一切事”，以小事情表现大主题。

典型示例二

《假如我与心中的英雄生活一天》（北京高考满分作文）结尾：

这天晚上，我和苏武一同和着干草睡在地上。一觉醒来，不见苏武。时空已经跨越了二千多年，苏武还在我的心中说着话。

简评：这个结尾，看似很平常的三句话，可是含金量高，经得起推敲，可谓是豹尾。“这天”照应标题的“一天”，“我和苏武一同和着干草睡在地上”一句写出了苏武在天寒地冻中睡干草吃冰雪的艰辛情境，表现了英雄的爱国报国的崇高品质。“一觉醒来，不见苏武”一句点明这是想象作文，可是苏武是真实的英雄，不是虚构的，而“我”的言行举止是虚构的，虚实结合是这篇想象作文的特色，在这里也作了交代。“时空已经跨越了二千多年，苏武还在我的心中说着话”一句则是画龙点睛、揭旨明理的关键句子，苏武的形象彪炳历史已经二千多年了，还是历历在目，栩栩如生，英雄永远活在人民的心中。“爱国”是中华民族的核心价值观，有着永久的生命力。

典型示例三

《父亲与牛》(《人民日报》，作者车承金)结尾：

然而，让父亲做梦也没有想到的是，像经管儿女一样，辛辛苦苦经管培养起来的牛，从农耕文明时起人们就离不了、在黄土地里奔走了几千年的牛，突然间，竟从黄土地里消失了，取代它的是一台台铁牛——拖拉机。

父亲的话让我一惊，突然想起了上世纪六七十年代，家乡流传的一句顺口溜：“点灯不用油，种地不用牛。”“点灯不用油”的梦早已实现了，种地不用牛的梦现在也实现了。我想，人们的下一个梦，也很快会变成现实，很快！

简评：作者在记叙文的开篇和主体部分，都是浓墨重彩写大黑尖子牛，而在结尾却笔锋一转，写铁牛——拖拉机，这不是记叙文中心事件的转移，而是内容的不断深化的必然结果，反映了随着科学技术的进步，农业机械化的进程正在加快，中国几千年的传统耕作方式正在改变，一个个梦想都成为现实，揭示并且深化了文章的主题。

第十四讲
记叙文的语言

训练目标

1. 了解记叙文语言表达的基本要求。

2. 学习记叙文语言的美化技巧，提高语言表达能力。

训练过程

孔子说过，“言之无文，行而不远。”记叙文精彩的语言能赢得读者的青睐。多年来，高考《考试说明》对语言表达的总要求是有文采，具体要求是：词语生动，句式灵活，善于运用修辞手法，文句有意蕴。针对记叙文而言，写作时要选择美的语言、生活中鲜活的语言、饱含情感的语言、富有哲理的语言、幽默的语言等。

一、记叙文精彩语言的常见特点

1. 生动形象

记叙文语言大都用形象描写代替抽象交代。请比较下面两个句子:(1) 繁忙的工作过后,女孩也开始有些想家了。(2) 繁忙的工作过后,女孩喜欢一个人爬上顶楼,面对家的方向,去读雁阵、夕阳。两句话虽然都是表达"女孩儿想家了",句(1) 只是交代,"想家"是抽象的、模糊的,而句(2) 是通过女孩"一个人爬上顶楼,面对家的方向,去读雁阵、夕阳"的具体形象来表现"想家",这样的"想家"就具体可感。尤其是"雁阵、夕阳"的意象,蕴蓄了思念萦怀、感伤别离的孤独感、凄凉感,很容易使人想起"乡书何处达,归雁洛阳边""断送一生憔悴,只消几个黄昏"等等诗句,所以给人的印象特别深刻。

平时我们的口语中也有很多类似的例子,比如说一个人"贪婪",我们用"吃着碗里的看着锅里的"来表达;说一个人没有血性,用"三锥子扎不出血来"等等,都是用形象代替抽象的例子。再如:一匹英国马在马尔斯广场跑一圈只消四分钟,昨天它围着乔治小姐跑上一圈,整整用了五分钟(法·莫鲁阿《三仲马》),此句通过夸张的修辞手法使乔治小姐肥胖的形体形象牢牢地印在读者的脑海里。

2. 个性刻画

记叙文语言的个性化既包括人物语言的个性化,也包括叙述人语言的个性化。记叙文中人物语言的个性化能使人物个性鲜明、形象突出,能透露出人物的经历、知识水平、性格特征、情感倾向、思想深度、思维习惯等。叙述人个性化的语言首先是作者本人对自然、社会、人生的独特感受和真切体验,包含着作者本人真挚的情感;该语言能透露出作者的兴趣爱好、性格特征、情感倾向、思维习惯等。这种语言从用词、选用句式甚至到语气语调都具有一定的自我角色意识。

例如:关将军原来是在刘备那个单位开工资的。徐州之战,刘备那个单位暂时停产了,职工们也都解散回家了,关将军也只好停薪留职,去曹操那里当了临时工。曹操那里是财大气粗的事业单位,给关羽的福利待遇自然也不错。当然,关羽干得也卖力,比如主动承包了颜良、文丑的“白马坡工程”,而且出色地完成了定额指标。(谈歌《华容道事件的真相》)

这些错位的语言给人以很强的幽默感，使我们感受到了作者那种诙谐风趣、活泼自信的性格特点。作者将自己的阅读知识与对现实的独特理解很好地结合在了一起，体现了自己鲜明的语言特色。

3. 简洁明晰

语言的简洁、明晰，就是要用最少的语言符号，尽可能多地表达出最丰富的内容，最大限度地突出语言炼词造句的效应，概括地呈现思维的清晰之感和表达的明白之理。要努力做到“篇中无余句”“字字紧要，字字珠玑”，由内而外散发出清爽、精致、简洁之美。如“在我十几年的生活经历里，最难忘的就是童年，小时候最有意思的事情是在草丛里捉蚂蚱”这句就很不简洁。“在我十几年的生活经历里”，可改为“记忆中”，“小时候”就是“童年”用词重复，去掉一个，“最有意思的事情”可改为“趣事”，捉蚂蚱的场所当然是在草丛里，可以删去“在草丛里”。这段话就可以改为“记忆中，童年趣事就是捉蚂蚱”。能概括的、能替换的要概括、替换。又如杨绛笔下的《老王》中的“老王”，原文是：“他送的冰比前一个三轮工人送的大一倍，冰价相同。”他是一个蹬三轮的，那么，句中“前一个三轮工人”就可以用“前任”来概括。变句为“他送的冰比前任送的大一倍，冰价相同”。一个“前任”简洁而妙趣。

把长句子改成几个短小的句子，不仅能使语言表达更简练，句意更明确，还使语言更活泼表达更自然。比如：“从南面健步走来一位高个子、大眼睛、头发花白、衣着朴素，脸带笑意的老人。”读来有些拗口，如果改为：“从南面健步走来一位老人，他高高的个子，大大的眼睛，头发花白，衣着朴素，还脸带笑意。”不仅简洁，还自然。

4. 质朴平实

质朴平实的语言让读者易于理解，平易近人，但质朴不等于简单，不等于浅陋。如果能在质朴的语言中感受到作者深刻的思想，让读者深入思考，这样质朴就和深邃结合在一起了。含蓄的语言能使读者体会朦胧美，使文句之中有言外之意。这种暗示的方法也会取得好的效果，会给读者留下想象的空间。作品的真正魅力在于是否给读者留下再创作的空间。如李森祥的《台阶》一文，开头：“父亲总觉得我们家的台阶低。”中间：“我们家的台阶低。”“接着开始造台阶。”至结尾：“好久之后，父亲像问自己又像问我：这人怎么了？怎么了呢？父亲老了。”质朴无华，但感人至深。当作者的创作结束时，正是读者再创作的开始，这样的作品才会有生命力。如果不能通过你的创作引发读者联想和想象，或是进行再创作的话，那么，这样的作品是不成功的。

二、如何让记叙文语言更精彩

1. 词语生动

记叙和描写讲究用词，一字传神，使表达准确、贴切、形象、生动，语言就会有文采。法国小说家福楼拜说：“我们不论描写什么事物，要表现它，唯有一个名词；要赋予它运动，唯有一个动词；要得到它的性质，唯有一个形容词。”写作中，我们只有找到这“唯有”的“一个”词，才算精当，才能传神。

（1）精心锤炼动词。动词是事情进展的关键和灵魂，动词运用得妙，就能增强文章的精确性、鲜明性、生动性，使文章富有文采，令人耳目一新；动词运用得有灵气，还能增强文章的气韵，使文章活起来，给人以美的享受。

例如：① 待到增加了秃头的老头子以后，空缺已经不多。而立刻又被一个赤膊的红鼻子大胖补满了。② 但是后面的一个抱着孩子的老妈子想乘机挤进来。③ ……一个小学生奔上来，一手按住自己头上的小布帽，向人丛中直钻进去。④ 他（指工人似的粗人）于是仿佛自己就像犯了罪似的局促起来，终于慢慢退后，溜出去了。上面几句都用了表示进出动作的动词，但是各人形体不同，心情不同所选用的动词就不同。“胖子”用“补”、“老妈子”用“挤”、“ 学生用“钻”、“仿佛自己像犯了罪似的人”用“退”和“溜”，这样不仅用词准确而且生动形象。鲁迅的短篇小说《药》中，当华老栓夫妇准备买人血馒头时，作者写道：“华大妈在枕头底下，掏了半天，掏出一包洋钱，交给老栓……”“掏”字用得好，它写出了华大妈对这一包洋钱的珍惜。这辛勤的血汗钱来之不易，一定放得比较严实，那是非“掏”不可的。如果把“掏”换成“拿”或“摸”，那意味就相去甚远了。

除了准确之外，要使语言形象生动，还要注意化静为动，化无形为有形，让语言活起来。“春色满园关不住，一枝红杏出墙来”并没有特别华丽的词语，但我们感到它很生动，就是因为作者把无形的、无生命的东西当作有形的、有生命的东西来写，给人以形象、生动的美感。

(2) 精心锤炼叠音词。运用叠音词，增强语言的音乐美，同时使词语描述更形象，表情更细腻浓烈，增强语言的意境美。如朱自清的《荷塘月色》描写月光：“月光如流水一般，静静地泻在这一片叶子和花上。”如果说，仅仅把月光比作流水不算稀奇，而一个“泻”字配上“静静地”这一叠音词，就准确生动地写出了月光既像流水一般的倾泻，又无声响，引起读者无限的遐思。

（3）精心锤炼色彩词。色彩词能增强语言的意境美、绘画美。

（4）精心选择成语，锤炼四字短语。成语及其他四字短语能形成一种整体和谐美。成语的主要特点是形式简洁，意义丰蕴，可以达到言简意赅的效果。成语的连用有时还可以收到增强气势的效果。

（5）褒词贬用。例如：今日美国已是霸气十足了。今天到中东上思想政治课，明天到东亚办人权学习班，刚在南斯拉夫踢完了热身赛，又跑到印度半岛当裁判。一个霸气十足的国际警察形象跃然纸上。

（6）旧词新用。例如：小学时，桌上的“三八线”总是一厘米、一毫米量得丝毫不差，常常由于不慎侵入了同桌的“领土”，爆发“自卫反击战”……“天下大势，分久必合，合久必分。”到了初中，同桌就有了两种关系：一种是民族融合式，一种是和平演变式。旧词新用，格调清新，意蕴深厚。

(7)运用隐语。这里所说的隐语有点类似于修辞中的讳饰或婉曲,也有点类似于谜底比较明白的谜语。比如我们不说“时值九月”,而说“菊花吐蕊的时候”;不说“太阳快落山了”,而说“太阳在吻西边的山头了”;不说“大树已经枯萎”,而说“大树已失去了青春”;不说“生命的老年”,而说“生命的夕阳”等等。这些话意不浅露,语不穷尽,透露着语言的智慧。

下面是当代诗人郑成义的一段自我介绍,由于运用了隐语,颇具情趣:“倘若倒回四十岁,我年方十八。落在浙江山地,移在上海厂中。只因根底太浅,老不成材,平均四年才萌一叶——最新的两片是宁夏出版的《万弦琴》和上海出版的《湖岛》。”作者没有直白地介绍自己的年龄、籍贯、履历及创作情况,而是谜语一样诉诸读者,避免了老生常谈,给人生动活泼、耳目一新的感觉。

避免用词的重复、单调,也是锤炼词语的一个方法,请看一段描写节日礼花的文章:“刹那间,广场上空百花齐放,有的如鸿雁飞舞,有的像钢花四溅,有的似麦穗荡漾。这光彩夺目的景象,宛如一千只孔雀开屏。”“如”“像”“似”“宛如”,这几个动词在表意上没有什么区别,但作者在这里变幻使用就使得文章用词富于变化,避免单调,从而增强了文章的生动性。

当然,掌握丰富的词汇是词语生动的先决条件,推敲词语无非是对已掌握的词语进行辨析和选择的过程。选择运用得准确、恰如其分,往往化腐朽为神奇,是做到生动有文采的第一步。

2. 句式灵活

指能够根据表达的对象、目的和具体语言环境变换不同的句式。可从以下几方面选用句式:① 多用短句,长短结合。长句结构复杂,表意严密、准确;短句结构简明,节奏紧凑,表意简洁明快。② 多用整句,巧用四字格。整句的表达功能是气势贯通,形式对称,音节和谐;散句灵活自然,朗朗上口,能加强表达的亲切意味。③ 适当选用变式句和不同语气,突出个性,增强表现力。

变式句是相对于常式句的句子形式。常式句是按照主语在前、谓语在后,前因后果,先轻后重等正常语序组成的句子,变式句则是为突出表达某方面的内容,临时改变某些成分的位置的句子。变式句能取得常式句所无法达到的表达效果。变式句一般有下面几种:句子成分的倒装,正句和偏句倒装(如“虽然……但是”的倒装,“尽管……也”的倒装等)。根据具体的语境,选择恰当的句式，可以更好地表达情意。如孙犁的《荷花淀》写水生嫂的问话："水生笑了一下，女人看出他笑得不像平常，'怎么了，你？'"写水生嫂的问话，不用常式句，而用主谓倒装的变式句，就更能突出她对丈夫的关切，情感表现力大大增强。

句式选用的基本要求是在整齐中求变化，在常式中求变式，在重复中求省略，在和谐中求变化。长短交错运用，整散灵活配合，排比参差交换。

不妨把句子写得俏皮些。文章过于严肃，免不了给人以沉重感和压抑感；而来点幽默，讲点俏皮的话，不仅读起来感到活泼有趣，而且使文章形象生动，富有文采。请看王锋的散文《家添小壮丁》中开头的片段："2001 年岁末，一个晴朗的日子，随着一声不算洪亮的啼哭，家里人平均升了一辈，很荣幸，我也荣升为舅舅了。……小家伙可不管这些，嘴巴撇成瓢状，扯开喉咙只管哭他的。我想男子汉大丈夫有泪不轻弹，看他都嚎上了，定有什么伤心事！姐姐哄着抱起来，小家伙像知道事似的张开小嘴，四处寻找'食堂'；喉咙还急急地发出'哼哼'的声音，原来饿了，看他那副吃相，没准儿前世生活在 20 世纪 60 年代吧！"作者夸张性的用词、超前性的沟通，使文章具有了特有的氛围和情调。读着这样的文字,你一定会忍俊不禁。再如三毛《似曾相识燕归来》中,不说"无风",却俏皮地说"风,不知躲到哪里睡觉去了";不说"屋里尽是尘土垃圾",却幽默地写道:"还有尘和垃圾,都比光有本事,光都不能到,它却每时都能光临寒舍。"环境如此恶劣,却写得如此轻松,展示了作者独特的个性魅力和创新能力,增强了文章的感染力。

3. 善用修辞

多用修辞,努力把话说漂亮一点,形象化地抒发情感、发表见解。比如,不说"我很悲伤",而说"我心灵的天空一直下着雨";不说"女人和男人应有平等的社会地位",而说"女人应是一株木棉,和橡树并立在一起";不说"没有钱",而说"囊中羞涩",说"与孔方兄无缘",说"老人头不多"……都颇有新意。

如排比句式可增强文章的表达力度,或使情感的表达更充分。排比可以各式各样,有短语的排比,也有单句、复句的排比,还有段落的排比,交错使用能各得其宜,各尽其妙;设问句式可提出重要的问题,以引起读者的注意;比喻句式可使内容的表达更形象、更有文采、更有意蕴;对偶句式可使语言凝练,形式整齐……

再如张晓风《春之怀古》：春天必然曾经是这样的——从绿意内敛的山头，一把雪再也撑不住了，扑哧一声，将冷脸笑成花面，一首澌澌然的歌便从云端唱到山麓，从山麓唱到低低的荒村，唱入篱落，唱入一只小鸭的黄蹼，唱入软溶溶的春泥，软如一床新翻的棉被的春泥。巧用修辞，恰当的修辞能使语言生动、形象，文采斐然。

记叙文离不开描写，要通过修辞绘形绘声绘色，把自然中的声响、物体的形状与色彩具体描绘出来，使人有身临其境的感受。陀思妥耶夫斯基举过这样一个例子，他说“有个小银圆落在地上”，这个句子不够好，应该写成“有个小银圆，从桌上滚了下来，在地上叮叮当当地跳着”这就绘形绘声了；刘白羽的《长江三峡》中写瞿塘峡，就主要运用了这种手法：“……瞿塘峡中依然激流澎湃，涛如雷鸣，江面形成无数漩涡。船从漩涡中冲过，只听得一片哗啦啦的水声。”“……乌沉沉的云雾突然隐去，峡顶上一道蓝天，浮着几小片金色浮云，一注阳光像闪电样落在左边峭壁上。”作者通过绘声绘色的手法，极力描写三峡山势的峭拔、水势的凶猛，使人如临其境，惊心动魄，给人以形象真实的感觉。

可恰当引用、化用诗词名句。例如：面对鲜花的艳丽，身为“离离原上草”的我不会叹息；面对高山的峻拔，身为“低矮黄沙土丘堆”的我不会自卑；面对别人的荣耀，身为“俯首甘为孺子牛”的我不会忧伤……

还可巧借俗语。例如：美国之所以多年来与台湾保持着暧昧关系，全然是为了自己的被窝温暖。换句话说，如果台湾这只热水袋不能保障美国伸在亚太地区的脚趾暖和，甚至还倒灌冷风，他马上就会把台湾蹬出被窝去。用日常用语形容美国与台湾的关系，极尽揶揄嘲讽之能事，用语巧妙，叫人拍案叫绝。

4. 文句有意蕴

主要是指在叙事、抒情一类的文章中，语言不直白，不浅露，言简意赅，内涵丰富，含不尽之意于言外，让读者有咀嚼、回味的余地。文句富有意蕴，能启迪人思考，给人以教益。关键之处有警策，文句要富有哲理情趣，适当给读者留下空白，尤其是抒情性较强的文章，在用语上不可一览无遗，过于平淡无味。描写要有情境，用语要含蓄，激发读者的联想与想象，要能促使读者去思考。

巧妙地运用好中国汉字的丰富寓意，通过字词的巧妙排列，从而造成语音、语意上的循环往复，如“白云哪里是什么名人，其实就是个人名”值得回味；伏契克在《二六七号牢房》中“从窗子到门七步，从门到窗子七步”就极力表现了牢房的窄小、单调。而“不知是奶奶倚着门，还是门倚着奶奶”就把爷爷去世后，奶奶一个人在老屋的孤独加倍渲染了出来。再如写杜甫，“到底是成都改变了诗人，还是诗人改变了成都呢？”把两者的机缘写得回味无穷。倘若再稍加变化，味道就更足了。比如还是写杜甫：“我们不知道，是要感谢草堂这块圣地，荡漾出诗人那么多的才思呢？抑或是要感谢诗人让草堂成为千百年来中国诗歌的圣殿？”那就是语言的另一个层次了。

让记叙文句子有意蕴方法很多，可用一个“加”字概括。

(1) 加一些修饰语。例如“在夏夜”，很概念化。如果对中心词“夏夜”加上修饰语，如“在一个月明风清的夏夜”或“在一个蝉噪蛙鸣的夏夜”，这就形象多了，情感也隐约可现了。

(2) 加一点想象，让句子诗意起来。例如，原句：“一百多年以前，弗雷德里克·肖邦在热那佐瓦沃拉出生了。”改为：“热那佐瓦沃拉。一百多年以前，弗雷德里克·肖邦的摇篮就放在这儿的一间小房间里。”(《肖邦故园》)同样传达肖邦出生的时间、地点两个信息,原句用的是一般叙述性语言,改句运用联想进行关联性描绘,并采用倒装句式,“摇篮就放在这儿的一间小房间里。”两相比照,显得生动形象,并营造出“温情、甜蜜”的氛围。

同是表述因考试失利而心情糟糕一事,有些同学只能写“期末考试失败了,我心情很痛苦”,优秀的同学可能写成:“期末考试失败了,‘路有点长,夜有点微凉,心情迷迷惘惘,和寂寞交换沮丧……’此时,也许只有这首歌能表达我因为考试的失败而带来的伤痛。”后一句调动联想,融入和心情一致的几句歌词,进行关联性描绘,味道就大不一样。再有同学写“又考砸了,我在失望中苦恼”,如果加一句,改为“又考砸了,我在失望中苦恼,在苦恼中失望”,换序后重复一下,韵味顿生。再比如“我呆呆地盯着窗外,只见长长的雨丝不断地飘落”,如果再加一句:“……细雨不断地飘落。雨细长,愁丝更长!”情景交融,意蕴无穷。

(3) 加一点文化,让句子更厚重。例如:我希望自己的世界诗意而纯净。在这个世界里,庄周的蝴蝶与陶潜的桃花,将梭罗的瓦尔登湖铺成五彩锦缎;江南的细雨与西湖的莲叶，将寒山寺的钟声演绎成千古绝唱。我希望用皎洁的松间明月、清澈的石上清泉，淘洗我心灵上的尘埃；我希望用清脆的春涧鸟鸣、纯净的山间清风呵护心田上的莲花。这段文字中，蝴蝶是“庄周的蝴蝶”，桃花是“陶潜的桃花”，莲叶是“西湖的莲叶”，钟声是“寒山寺的钟声”，这样的修饰，让文章具有了文化的厚度，让人眼前一亮。

此外，还可调动多种感官，多角度写景，运用通感艺术，正面侧面相结合，环境烘托，景物渲染、对比手法等等。如：“爷爷以打猎为生，爸爸以伐木为生，儿子以卖树墩子为生，孙子以卖根雕为生。”（《根的故事》）四句话，作者通过爷爷、爸爸、儿子、孙子与“树”的关系，巧妙地借助一个家族的兴衰来印证环境的破坏，独到深刻，言约义丰，有一种振聋发聩的力量。

吕叔湘先生说，语言是一种技能、一种习惯。可见，语言能力是可以通过训练来提高的，关键是方向与方法。只要我们综合运用上述方法，一天天积累，一步步努力，相信我们的作文中一定会有更多明净如寒潭秋水、喧闹如山野春花的句子。

四、典型例文

黄纱巾

薛　涛

女孩放学要经过一个小小的服装市场。

女孩看见并喜欢上了一条黄纱巾。

女孩停住不走了，呆呆地看。

卖货的是一个中年人。

买下吧，孩子。就剩这一条了，只卖 10 元钱。

女孩无奈地摇摇头。钱，女孩没有。

可以向家里要嘛，我给你留着。看得出你很喜欢它。

女孩恋恋不舍地离开。

整个晚上，女孩都下不了向家里要钱的决心。

最终，女孩也没提要买黄纱巾的事，并发誓永远不提这件事。

家里不富裕，女孩知道。

女孩再走过小市场时，老远就看见黄纱巾还在那儿飘舞着，像一只黄蝴蝶。女孩远远看了一会儿，才慢慢走近。

带钱来了吧？

女孩摇摇头。

中年人抚摸着这条黄纱巾又看看女孩，并想象了一下。觉得女孩与黄纱巾搭配在一起是很绝巧的组合，就很替女孩惋惜。

你喜欢它，没错？

嗯。女孩认真地点点头。

女孩准备离开了。注定买不下它。不如早点儿走开好。

女孩刚走开，中年人已摘下黄纱巾，并追上女孩。

孩子，送给你吧，收下。你围上它肯定好看。

女孩一愣。

不，我不能白收人家的东西。女孩毫不犹豫地说。

收下，是我愿意送的。我自愿的。

不能！那样我会很难受，比得不到它还难受。

女孩跑开了。

女孩又回头说，反正站在楼上也能看见它。能看见它。就很好了。

中年人立在那儿。

从此，女孩不再从那里经过。注定买不下，绕开它不是更好吗？女孩写作业累了就往楼下看看，看看那条在微风中舞动的黄纱巾。

许多天过去了，那条黄纱巾仍旧挂在那里。它为什么一直挂在那儿没人买？那条黄纱巾，装饰了女孩的梦。

其实很简单，中年人挂了个标签在旁边。标签上写着：永不出售。

例文评析

中国诗画讲究虚实留白，妙于无笔墨处，画有尽而意无穷，诗含不尽之意于言外，皆给观者留下了深广的想象空间，感受到了味外之味，景外之景，象外之象。文艺本同源，而微型小说精品《黄纱巾》亦使人感受到虚实留白的魅力。这篇小说超越了跌宕起伏的情节模式，以散文化的结构，质朴无华而又隽永深刻的语言记录了一段平常的生活细节。一位家境贫寒的女孩喜欢上一条黄纱巾，商贩“中年人”极力怂恿她买下来。可是女孩最终因为家庭经济窘迫而无力购买，而中年人愿意送给她，她却拒绝了这种赠送。为了能圆女孩子的梦，中年人给黄纱巾贴上“永不出售”的标签。黄纱巾是一方美丽之所在。在女孩眼中，它蓄着的是这一年龄的多彩的梦，是一道不可替代的风景，是一份不可扑灭的追求与渴望。这篇小小说正是借助于一个小女孩的眼睛写“黄纱巾”，并由此道出了女孩对美的执着的追求与向往。由此，读者的眼中也就出现了另一幅风景：小女孩天真、执着、坚定、善良而美好的内心世界，呈现出一种梦幻般的美。读者当然也不会忽略，那位慈爱而善良的中年人，他小心翼翼地呵护着一个小女孩的梦，为小女孩营造了一幅永远的风景。他，也构成了这篇小小说中的一道不可或缺的风景。

这篇文章采用“蒙太奇”的手法，只是通过人物简单的言行实写了几组独立而又有连续性的镜头和画面，虚化了两个人之间的具体心理活动过程，而至于两个人之间因这条黄纱巾而引起的心理波澜，则需要通过阅读过程由读者来加以丰富和具体化。作者让读者参与设计两颗美丽心灵的默契，使人们感受到了一种人与人之间互相理解、互相抚慰的温馨之情。

跋

经过近一年的编撰、使用、研讨与反复修改，这本姜堰中学记叙文写作校本教材终于面世了。编写这本教材的初衷，主要是有感于高一年级记叙文教学没有序列化的课程训练体系，无本可依，恰逢十多年后笔者又一次回到高一年级任教，有了具体实践的机会，遂做了这项拾遗补阙的工作。全书的编写按照学生写作记叙文的思维顺序，从记叙文写作的第一步——素材积累和选择开始，然后谈如何提炼生活、创新立意，接着围绕记叙文的谋篇布局以及人物、细节、意象几类描写展开，最后对写景状物类记叙文和小小说两种特殊文体进行了点拨。本教材作为《高中议论文写作十八讲》的姊妹篇，主要是针对我校学生多年来的记叙文写作教学已取得的成绩和笔者看来需要进一步强化的重点，量体裁衣，着眼于实用性与可操作性，紧扣教学实践展开，因而没有从文体学、文章学角度追求能力点的面面俱到、体系的严密甚至标题的整齐等等，希望这样的取舍能给一线教师带来切切实实的帮助。

多年来，本地区的高中学校一般在高一年级训练记叙文，一学期训练六到七次，这也符合新课标的要求。鉴于此，本书共设计了十四讲，一学期可完成七讲。教师在使用的时候，毋庸面面俱到，建议根据本班学情增减或调整。

在成书的过程中，得到了学校语文组不少同仁的支持和帮助，有幸请到了江苏省语文特级教师、教授级高级教师、姜堰教师发展中心的潘双林主任为本书作序，在此一并表示感谢。因时间仓促，本教材难免有许多不足之处，请读者诸君和使用的老师不吝赐教，以便再版时修改完善。